Jonathan Fromentin

Modélisation et analyse des réseaux de régulation biologiques

Jonathan Fromentin

Modélisation et analyse des réseaux de régulation biologiques

Comment mieux comprendre ces réseaux par l'exploitation de données temporelles?

Éditions universitaires européennes

Mentions légales/ Imprint (applicable pour l'Allemagne seulement/ only for Germany)

Information bibliographique publiée par la Deutsche Nationalbibliothek: La Deutsche Nationalbibliothek inscris cette publication à la Deutsche Nationalbibliografie; des données bibliographiques détaillées sont disponibles sur internet à l'adresse http://dnb.d-nb.de.
Toutes marques et noms de produits mentionnés dans ce livres demeurent sous la protection des marques, des marques déposées et des brevets, et sont des marques ou des marques déposées de leurs détenteurs respectifs. L'utilisation des marques, noms de produits, noms communs, noms commerciaux, descriptions de produits, etc, même sans qu'ils ne soient mentionnés de façon particulière dans ce livre ne signifie en aucune façon que ces noms peuvent être utilisés sans restriction a l'égard de la législation pour la protection des marques et des marques déposées et pourraient donc être utilisés par quiconque.

Photo de la couverture: www.ingimage.com

Editeur: Éditions universitaires européennes est une marque déposée de Südwestdeutscher Verlag für Hochschulschriften Aktiengesellschaft & Co. KG
Dudweiler Landstr. 99, 66123 Sarrebruck, Allemagne
Téléphone +49 681 37 20 271-1, Fax +49 681 37 20 271-0
Email: info@editions-ue.com
Agréé: Nantes, Ecole Centrale de Nantes, thèse de doctorat, 2009

Produit en Allemagne:
Schaltungsdienst Lange o.H.G., Berlin
Books on Demand GmbH, Norderstedt
Reha GmbH, Saarbrücken
Amazon Distribution GmbH, Leipzig
ISBN: 978-613-1-51331-2

Imprint (only for USA, GB)

Bibliographic information published by the Deutsche Nationalbibliothek: The Deutsche Nationalbibliothek lists this publication in the Deutsche Nationalbibliografie; detailed bibliographic data are available in the Internet at http://dnb.d-nb.de.
Any brand names and product names mentioned in this book are subject to trademark, brand or patent protection and are trademarks or registered trademarks of their respective holders. The use of brand names, product names, common names, trade names, product descriptions etc. even without a particular marking in this works is in no way to be construed to mean that such names may be regarded as unrestricted in respect of trademark and brand protection legislation and could thus be used by anyone.

Cover image: www.ingimage.com

Publisher: Éditions universitaires européennes is an imprint of the publishing house Südwestdeutscher Verlag für Hochschulschriften Aktiengesellschaft & Co. KG
Dudweiler Landstr. 99, 66123 Saarbrücken, Germany
Phone +49 681 37 20 271-1, Fax +49 681 37 20 271-0
Email: info@editions-ue.com

Printed in the U.S.A.
Printed in the U.K. by (see last page)
ISBN: 978-613-1-51331-2

Copyright © 2010 by the author and Südwestdeutscher Verlag für Hochschulschriften Aktiengesellschaft & Co. KG and licensors
All rights reserved. Saarbrücken 2010

ÉCOLE CENTRALE DE NANTES

ÉCOLE DOCTORALE

SCIENCES ET TECHNOLOGIES
DE L'INFORMATION ET DES MATHEMATIQUES

Année : 2009   N° B.U. :

Thèse de Doctorat

Diplôme délivré par l'École Centrale de Nantes

Spécialité : INFORMATIQUE APPLIQUÉE

Présentée et soutenue publiquement par :

Jonathan Fromentin

le 24 Novembre 2009
à l'École Centrale de Nantes

TITRE

Modélisation hybride temporelle et analyse par contraintes des réseaux de régulation biologiques

Jury

Président :	D. Hill,	Professeur des universités, LIMOS, ISIMA.
Rapporteurs :	H. de Jong,	Directeur de recherche, INRIA, Grenoble – Rhône-Alpes.
	D. Hill,	Professeur des universités, LIMOS, ISIMA.
Examinateurs :	A. Bockmayr,	Professeur des universités, DFG Research Center MATHEON, Université libre de Berlin.
	B. Bost,	Maître de conférences, IGM, Université Paris sud.
	J.-P. Comet,	Professeur des universités, I3S, École Polytechnique de Nice Sophia Antipolis.
	P. Le Gall,	Professeur des universités, MAS, Université d'Évry-Val d'Essonne.
	O. Roux,	Professeur des universités, IRCCyN, Ecole Centrale de Nantes.

Laboratoire : Institut de Recherche en Communications et Cybernétique de Nantes   N° ED : 503-069

Remerciements

J'exprime mes profonds remerciements à mon directeur de thèse Olivier Roux qui m'a accompagné dans ma recherche tout au long de ces trois années, pour sa grande disponibilité, son soutien, sa patience, ses conseils judicieux et sans lequel ce projet n'aurait pu exister. Je remercie également mes co-encadrants, Jean- Paul Comet, pour son aide précieuse, ainsi que Pascale Le Gall, pour le regard différent qu'elle a pu porter sur mon travail. Je les remercie tous les trois chaleureusement pour leur sympathie et la confiance qu'ils m'ont accordée.

Je remercie David Hill et Hidde de Jong de m'avoir fait l'honneur d'accepter d'être mes rapporteurs tout comme Alexander Bockmayr et Bruno Bost qui ont bien voulu faire partie des membres de mon jury. Je remercie Jamil Ahmad, ami et condisciple, pour le travail accompli ensemble et les innombrables discussions que nous avons pu avoir tous les deux. Je remercie également Damien Eveillard pour le foisonnement d'idées qui a émergé de notre collaboration, mais aussi pour sa sympathie et ses conseils, et d'une façon plus générale, je remercie les personnes du LINA avec lesquelles j'ai été amené à travailler.

Merci à toutes les personnes de l'IRCCyN, Rola, Didier, Charlotte, Loïc, Jordan, Pedro, Emilie, Louis-Marie, Di, Paul-André, Isabelle, Morgan et tous ceux qui se reconnaîtront, pour l'ambiance sympathique qu'ils ont insufflé sur mes trois années de thèse.

Enfin je remercie ma famille, ma belle-famille, et ma compagne, Marion, pour son soutien indéfectible.

Abstract

Biological regulatory networks are complex systems in which biological entities interact among themselves, leading to specific behaviors. In this thesis, we propose a general methodology to have a better understanding of the mechanisms which take place in these regulatory networks and more particularly in these having an oscillatory behavior. In a general way, the various parts of this methodology aim at, firstly at analyzing more and more large biological systems, secondly at refining accurate analyses on smaller models. These works use the temporal properties of the biological models which are often plentiful but still not much used. To succeed in integrating the temporal data, we developed hybrid modelings which combine in their behavior purely qualitative aspects as well as continuous aspects (in the quantitative temporal notions).

The first part of this general methodology consists in using a hybrid modeling named TEM (meaning Temporal Evolution Model) which allows a pre-analysis of the biological system. The advantage of this modeling is that it uses parameters which are very close to biological data and that it can supply interesting results from a reduced number of simple hypotheses. Nevertheless, the more we supply with data on the biological model in the TEM approach, the more the obtained results are accurate.

The second part of our general methodology consists in taking back existing modelings and usually used (the PLDE (piecewise linear differential equations) modeling and the discret modeling of R. Thomas) and to add new joint methodologies. The first method makes it possible to obtain all the necessary and sufficient constraints for the parameter setting of a model according to some specifications. This can highlight common features for all the parameter settings which validate the specifications of a model. Moreover, it is able to provide all these parameter settings thanks to any constraints solver. A second methodology allows to decompose the dynamics obtained from a parameter setting. This second methodology can be used to have a better understanding of the dynamics which are obtained by knowing if a behavior correctly fits a set of sub-behaviors and then, which of these behaviors. The method can also be used to work on a subset of the dynamics by taking into account only the featuring sub-behaviors.

The last part of our general methodology consists in a modeling named TDD modeling (which means modeling by temporal domains decomposition) and stands for a refinement of the previous analyses. This new modeling approach is based on the modeling presented in the second part of the thesis in order to fully benefit from the methods we had developped. Actually, this modeling, as the first modeling presented in this thesis, is a hybrid modeling which also uses the notion of time via temporal parameters.

Résumé

Les réseaux de régulation biologiques sont des systèmes complexes dans lesquels les entités biologiques interagissent entre elles, faisant ainsi émerger des comportements particuliers. Dans cette thèse, nous proposons une méthodologie générale afin de mieux comprendre les mécanismes en jeux dans ces réseaux de régulation et tout particulièrement dans ceux ayant un comportement oscillatoire. De façon générale, les différentes parties de cette méthodologie ont pour but, soit d'analyser des systèmes biologiques de plus en plus grands, soit de raffiner les analyses sur des modèles moins conséquents. Ces travaux utilisent les propriétés temporelles des modèles biologiques qui sont souvent abondantes mais encore relativement peu exploitées. Pour parvenir à intégrer les données temporelles, nous avons développé des modélisations hybrides qui combinent dans leurs comportements des aspects purement qualitatifs ainsi que des aspects continus (dans les notions temporelles quantitatives).

La première partie de cette méthodologie générale consiste à utiliser une modélisation hybride nommée TEM (pour modélisation d'évolution temporelle) qui permet une pré-analyse du système biologique. L'avantage de cette modélisation est qu'elle utilise des paramètres qui sont très proches des données biologiques et qu'elle peut fournir des résultats d'intérêt à partir d'un nombre réduit d'hypothèses simples. Néanmoins, plus nous fournissons de données sur le modèle biologique dans l'approche TEM et plus les résultats obtenus sont précis.

La seconde partie de notre méthodologie générale consiste à reprendre des modélisations existantes et couramment utilisées (la modélisation par équations différentielles par morceaux (PLDE) et la modélisation discrète de R. Thomas) et d'y ajouter de nouvelles méthodes conjointes. La première méthode permet d'obtenir l'ensemble des contraintes nécessaires et suffisantes pour le paramétrage d'un modèle d'après des spécifications. Ceci peut permettre de découvrir des caractéristiques communes à l'ensemble des paramétrages validant les spécifications du modèle mais également d'obtenir l'ensemble de ces paramétrages grâce à un solveur de contraintes. La seconde méthode permet de décomposer les dynamiques obtenues à partir du paramétrage d'un modèle. Cette méthode peut servir à mieux comprendre les dynamiques ainsi obtenues en sachant si un comportement correspond à un ensemble de sous-comportements et si oui lesquels. La méthode peut également servir à travailler sur un sous-ensemble de la dynamique en ne prenant en compte que les sous-comportements intéressants, par rapport à certaines préoccupations.

Enfin, la dernière partie de cette thèse consiste en une modélisation nommée modélisation TDD (pour modélisation par décomposition des domaines temporels) et permettant de raffiner les analyses précédentes. Cette modélisation est basée sur la modélisation PLDE et la modélisation discrète de R. Thomas afin de profiter pleinement des méthodes que nous avons développées. En fait, cette modélisation, tout comme dans la première modélisation présentée dans cette thèse, est une modélisation hybride qui utilise également la notion de temps via des paramètres temporels.

Table des matières

Chapitre 1

Introduction

Cette thèse se situe à la croisée de deux champs disciplinaires : le domaine de la biologie des systèmes et concernant plus particulièrement les réseaux de régulation, et le domaine de la modélisation formelle en informatique. Au cours de cette thèse, nous avons utilisé de nombreux outils mathématiques et informatiques, tels que les PLDE (équations différentielles par morceaux), les systèmes de transitions, les automates hybrides et la programmation par contraintes, notre but étant de parvenir à obtenir une meilleure compréhension des systèmes biologiques.

1.1 Contexte

1.1.1 Les réseaux de régulations biologiques

Les réseaux de régulation biologiques sont des systèmes complexes. En effet, il s'agit de réseaux où des entités biologiques interagissent entre elles, permettant ainsi l'émergence de comportements (c'est-à-dire de dynamiques) particuliers qui ne sont pas facilement prédictibles. L'émergence de ces comportements se traduit par une explosion combinatoire des dynamiques possibles. L'analyse de ces systèmes par l'étude des mécanismes permettant l'émergence de ces comportements est une des clefs de voûte pour la compréhension du vivant [CGT+09]. Le concept de réseaux de régulation biologiques est assez vaste et regroupe de nombreux types de formalisations souvent étudiés grâce à la mise en place des modélisations dédiées et orientées par des considérations particulières [DLMS06]. Parmi ces réseaux de régulation, nous pouvons citer :
- Les réseaux écologiques qui peuvent aller de l'échelle la plus locale (par exemple un réseau bactérien ou de mycélium de champignons) à l'échelle écopaysagère biosphérique (par exemple le réseau écologique paneuropéen ou panaméricain).
- Les réseaux métaboliques qui permettent l'observation de voies métaboliques par la migration ou la transformation d'entités biologiques comme les protéines, les enzymes etc..
- Les réseaux génétiques où interagissent les gènes en s'inhibant ou en s'activant par l'intermédiaire de leurs produits (ARN, protéines etc.).

Parmi toutes les sortes de réseaux de régulation biologiques au niveau cellulaire, les réseaux génétiques ont un intérêt particulier parce qu'ils réagissent à un changement de l'environnement et sont capables de contrôler la croissance, la reproduction et la mort de la cellule. Un rôle crucial dans la régulation de gènes est joué par des protéines spécifiques, appelées des facteurs de transcription, qui influencent la transcription de gènes particuliers en se liant aux promoteurs des gènes. De cette façon, un produit d'un gène qui code pour un facteur de transcription peut influencer l'expression d'un autre gène, menant ainsi à une cascade possible de contrôles complexes. D'un point de vue abstrait, les gènes agissent mutuellement et réciproquement les uns sur les autres pour contrôler leurs productions, formant ainsi des réseaux complexes appelés réseaux de régulation génétiques (RRG) . L'étude des réseaux de régulation génétiques par la modélisation devient maintenant essentielle pour comprendre les comportements intracellulaires dans des organismes vivants. En effet, la modélisation de ces réseaux est un outil d'aide à la décision permettant d'orienter les expérimentations faites *in vivo* et ainsi de valider ou d'invalider plus facilement des hypothèses biologiques.

Les premiers modèles pour étudier les réseaux de régulations génétiques ont été basés sur les systèmes d'équations différentielles ordinaires qui ont été développés pour capturer le comportement du système étudié (voir par exemple [Wie48, Mes68, TNCV95, LG08b, LG08a, CTTN07]). Chaque variable du modèle mathématique abstrait la concentration du produit d'un gène particulier. Et l'évolution de concentration s'explique par la différence entre taux de synthèse et taux de dégradation. D'un point de vue biologique, nous pouvons considérer que les régulations de gènes sont qualitatives (chaque régulation est donc "active" ou "inactive"). Cette simplification se justifie par le fait que la valeur d'un grand nombre de paramètres reste inconnue. Dans un tel cas, le modèle mathématique devient un système d'équations différentielles linéaires par morceaux : tant que les régulations ciblant un gène ne changent pas d'état (actif ou inactif), nous considérons que le taux de synthèse de ce gène est constant. Plusieurs travaux [DPHG01, De 02, DGH⁺04, AS04, CDG06] sont basés sur des équations différentielles linéaires par morceaux. Quand des paramètres cinétiques ont été correctement déterminés, ces modèles produisent des dynamiques cohérentes avec des observations expérimentales, et dans certains cas, qui peuvent être vérifiées expérimentalement [CCC⁺04, CTTN07].

L'inconvénient d'un formalisme si expressif est sa sensibilité aux paramètres cinétiques. De plus, le manque de connaissances quantitatives sur ces paramètres, la difficulté de leur mesure *in vivo* aussi bien que la fiabilité des valeurs obtenues, obligent souvent à utiliser des valeurs approximatives si ce n'est plus ou moins arbitraires. De plus, ces simulations produisent les traces de la dynamique du système, mais ne permettent pas souvent de conclure sur l'effet d'une action particulière sur le système. Plus précisément, les simulations faites avec des valeurs approximatives de paramètres cinétiques ne permettent pas réellement de déduire toutes les conséquences d'une infime modification du système.

Pour faire face à ces limitations, certains ([DGH⁺04, BRD⁺05]) préfèrent travailler avec des méthodes qualitatives en considérant des domaines où les variables ont des taux de synthèses constants afin de faire du model-checking sur les systèmes par équations différentielles par morceaux. Aussi, quelques structures de modélisation qualitative ont été présentées. Par exemple, des approches booléennes [Ras48, Sug61, Sug63, Tho73] permettent une représentation de la concentration de protéines comme une variable booléenne, dont la valeur est controlée par la présence ou l'absence de ses régulateurs. Les évolutions temporelles de concentrations sont ainsi représentées comme une séquence de valeurs booléennes, représentant l'ordre des activations/inhibitions du gène considéré. Ainsi, le temps n'est alors plus continu, mais devient un temps abstrait qui met en évidence seulement les changements qualitatifs du système. L'approche booléenne a été ensuite généralisée par René Thomas qui a proposé une approche discrète [Tho91]. Cette structure de modélisation a permis l'établissement de correspondances fortes entre la modélisation par des équations différentielles linéaires par morceaux et la modélisation booléenne et/ou discrète [Sno89].

1.1.2   Les modélisations hybrides

Les modélisations hybrides [ACHH93, AD94] sont particulièrement adaptées pour des systèmes dynamiques complexes ayant des comportements caractérisés par des changements instantanés entre des phases d'évolution continue. Les modélisations hybrides sont donc couramment utilisées pour l'analyse de systèmes biologiques comme par exemple [ABI+01, BSD+01, HKI+07]. Nous illustrons notre propos par un exemple simple et intuitif d'un tel type de système : la fontaine shishi odoshi (voir Figure 1.1). La fontaine shishi odoshi est une fontaine japonaise en bambou utilisée à l'origine aux abords des forêts pour éloigner les oiseaux et les bêtes des terrains agraires. Le principe en est assez simple : une tige de bambou articulée bascule régulièrement d'avant en arrière par le poids de l'eau qui coule dedans. Chaque basculement est stoppé par une butée (ce qui provoque un bruit sensé effrayer les animaux sauvages).

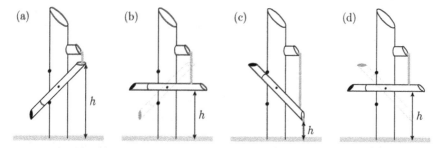

FIGURE 1.1 – Représentation des différents états d'un modèle d'une fontaine Shishi Odoshi. (a) la bascule en bambou se remplit d'eau. (b) la bascule en bambou s'incline par le poids de l'eau et la hauteur h diminue. (c) la bascule en bambou se vide de son eau et son basculement est bloqué par la butée. (d) la bascule en bambou se redresse par le poids de sa base et la hauteur h augmente.

Nous modélisons simplement ce système en considérant que durant un basculement la quantité d'eau dans la tige en bambou articulée ne varie pas. Nous pouvons alors distinguer quatres comportements discrets distincts représentés par les figures 1.1(a), 1.1(b), 1.1(c) et 1.1(d). Ces comportements sont représentés dans notre modélisation hybride par quatre états discrets qui sont respectivement : A, B, C et D. Dans notre modélisation hybride, il existe également un ensemble de transitions entre ces états qui permet d'observer une dynamique discrète du système. Ces transitions sont $A \rightarrow B$, $B \rightarrow C$, $C \rightarrow D$ et $D \rightarrow A$.

Néanmoins, dans la fontaine shishi odoshi, l'inclinaison de la bascule en bambou est conditionnée par la quantité d'eau contenue dans la bascule. Et cette quantité d'eau varie de façon continue au cours du temps tout comme la hauteur h qui permet de savoir si la

bascule a atteint une butée dans les Figures 1.1. Nous intégrons donc ces comportements continus dans notre modélisation de la manière suivante :
  – Pour chaque état, nous indiquons :
    – la valeur de la dérivée pour les variables continues q (pour le pourcentage de remplissage de la tige articulée en eau) et h (pour la hauteur en centimètre). Par exemple : $\dot{q} = 0$ et $\dot{h} = 1$ dans l'état D.
    – les invariants. C'est-à-dire les conditions devant être respectées pour rester dans l'état. Par exemple, $0 \leq q \leq 100$ et $20 \leq h \leq 80$ dans les états A, B, C et D.
  – Pour chaque transition, nous indiquons :
    – une garde. C'est-à-dire les conditions devant être respectées pour effectuer la transition. Par exemple, $q \geq 90$ pour la transition $A \rightarrow B$. Ou encore, $h = 80$ pour la transition $D \rightarrow A$.
    – une mise à jour de certaines variables (cela n'est pas nécessaire dans notre système).

La modélisation hybride ainsi mise en place permet de prendre en compte des comportements continus (la variation des variables q et h) dans une dynamique globale discrète (le graphe d'états). Notons que dans notre exemple, nous avons intégré une notion d'incertitude puisqu'en considérant les invariants de l'état A et la garde de la transition $A \rightarrow B$, la transition $A \rightarrow B$ peut s'effectuer dans l'intervalle $90 \leq q \leq 100$. Cela signifie que la bascule peut s'incliner alors qu'elle n'est pleine qu'à 90% mais peut également attendre d'avoir atteint un remplissage de 100% pour s'incliner. Dans le cas présent, nous pouvons considérer que cette incertitude est due à l'environnement extérieur (par exemple des perturbations causées par le vent). Cette notion d'incertitude est d'autant plus importante qu'en biologie, les expériences sont sujettes au bruit. Mais nous pouvons également être plus précis, comme pour la transition $D \rightarrow A$ où la butée enlève toute incertitude quant à l'arrêt du basculement.

1.2 Motivations et problèmatiques

Les réseaux de régulations biologiques sont rarement figés et ils sont souvent en équilibre dynamique. Les phénomènes oscillatoires sont extrêmement nombreux dans la nature, comme les cycles circadiens (périodicité d'une journée) qui permettent entre autres la régulation du cycle du sommeil et la régulation de la température. C'est pour cette raison que nous nous attachons principalement à l'étude de phénomènes oscillatoires dans ces réseaux. Les données expérimentales permettant l'étude de ces réseaux sont souvent bruitées, partielles et hétérogènes. Il est donc important de savoir composer avec ces types de données. Par exemple, il existe un grand nombre de données temporelles sur la dynamique de ces réseaux de part les nouvelles technologies de mesures expérimentales [BH09].

Malheureusement, les approches qualitatives usuelles que nous avons présentées précédemment ne sont pas capables de mesurer le temps passé dans un domaine particulier, parce que la notion de temps dans de telles structures de modélisation est souvent réduite à l'ordre chronologique de changements qualitatifs. Ainsi ces formalismes de modélisation sont incapables de répondre aux questions sur la durée nécessaire pour que le système atteigne un état particulier, ou pour mener à une dynamique périodique établie. Ils sont aussi incapables d'expliquer certaines bifurcations dans la dynamique qui mènent à des changements de comportement.

1.3 Contributions de la thèse

Notre étude porte sur les dynamiques d'expression d'entités biologiques qui sont classiquement représentées par des graphes d'états discrets (comme l'approche de René Thomas [Tho91]) ou encore par des équations différentielles (et notamment par des équations différentielles par morceaux [DGH⁺04]). Nous voulons étudier plus finement les évolutions de ces expressions afin de parfaire les connaissances que nous avons sur les modèles étudiés en y intégrant des caractéristiques temporelles de délais. Pour cela, on s'intéresse d'abord aux durées de croissance et de décroissance de ces dynamiques dans le comportement globalement oscillatoire de chacune des entités et relativement aux autres. Dans cette première étape de notre travail, nous obtenons des résultats sous la forme de contraintes entre les paramètres temporels. Ces résulats seront réutilisés dans l'étape finale de notre travail (la troisième étape) où nous nous intéressons à un raffinement temporel de l'approche de René Thomas et de la modélisation par équations différentielles par morceaux. Quant à la deuxième étape, elle repose sur des méthodes d'expression par contraintes pour faire du model-checking et de la décomposition de graphes d'états qui nous serviront également dans la partie finale de notre travail.

Un certain nombre d'étapes successives de modélisation ont donc été élaborées durant la thèse. Nous allons présenter ces différentes étapes après avoir explicité le type de systèmes sur lequel nous travaillons.

Les systèmes paramétriques et contraints. Dans l'ensemble de cette thèse, nous partons du postulat que tout système dynamique en biologie (i) peut se présenter comme un système basé sur un graphe d'états qui englobe sous forme symbolique l'ensemble des comportements dynamiques envisageables (et parfois contradictoires) du système et (ii) que ce graphe d'états est en réalité fortement contraint par un ensemble de facteurs issus des phénomènes environnementaux avec lesquels le système évolue.

À paritr de ce postulat, si nous avons suffisamment d'informations pour créer un tel graphe d'états, nous pouvons ensuite travailler sur des modèles pour lesquels nous n'avons qu'un ensemble partiel d'informations dynamiques et/ou temporelles. Ainsi, plus nous avons d'informations sous la forme de relations chronologiques ou chronométriques entre les différents paramètres constituant ce système et plus le graphe d'états est contraint. Ceci permet d'affiner progressivement l'analyse afin d'obtenir des résultats de plus en plus précis et révélateurs de la réalité biologique. De plus, cela peut permettre de travailler aussi bien sur des données valuées que sur des données paramétriques et donc d'obtenir de nos modélisations aussi bien des simulations que des relations formelles (contraintes) entre ces paramètres. Enfin, une telle étude permet également de trouver des ensembles de valeurs cohérentes avec les contraintes obtenues en utilisant des techniques comme la programmation par contraintes. Ces approches de programmation par contraintes sont à la base d'un certain nombre de travaux récents tels que [FR09, CTF⁺09].

Cette idée d'une démarche incrémentale dans l'étude des comportements des processus biologiques est le cœur du travail que nous présentons dans cette thèse. Trois phases de modélisation passant par différents niveaux d'abstractions peuvent être établies dans cette démarche et nous allons maintenant présenter la première qui considère les aspects oscillatoires du comportement de processus étudiés.

La modélisation des paramètres caractéristiques des phénomènes oscillatoires – relation entre les paramètres temporels. Une première étape de notre démarche consiste à réaliser une amorce de modélisation qui porte non pas sur les valeurs des niveaux de concentration des entités qui nous intéressent mais sur leur tendance évolutive. Par la suite, nous appelons cette nouvelle modélisation : TEM (pour Temporal Evolution Model) [1]. Il s'agit d'une modélisation hybride pour des réseaux biologiques caractérisés par des dynamiques oscillatoires. La modélisation TEM représente l'évolution d'entités biologiques interagissant entre elles. Par entités biologiques, nous entendons par exemple des gènes, mais de façon plus générale et à une autre échelle, cela peut aussi concerner des ARNs, des protéines ou encore des populations. Ces entités biologiques interagissent entre elles par des relations d'interactions (l'évolution d'une entité agit positivement ou négativement sur l'évolution d'une autre entité) ou par des relations de réactions (une entité se transforme ou est consommée pour former une autre entité). Il est donc possible grâce à la modélisation TEM, d'étudier des réseaux génétiques, des réseaux métaboliques, des réseaux écologiques, voire également des réseaux multi-échelles comme des réseaux génétiques et métaboliques.

Un comportement oscillatoire peut être décrit qualitativement comme une succession d'évolutions croissantes et décroissantes des entités biologiques. Quand une entité biologique évolue de façon croissante puis décroissante (ou inversement de façon décroissante puis croissante), l'entité biologique passe par un comportement transitoire et fugitif que nous appelons un pic d'évolution. De plus, un comportement oscillatoire peut également être décrit quantitativement par les durées de ces évolutions croissantes et décroissantes des entités biologiques. Dans la modélisation TEM, les comportements oscillatoires sont décrits à la fois comme étant une succession de pics d'évolution et par les durées des évolutions croissantes et décroissantes des entités biologiques. Ces durées d'évolution correspondent aux paramètres de notre modélisation. Les données sur ces durées sont souvent abondantes mais encore peu exploitées et donc difficilement exploitables avec les outils actuels.

Cette modélisation a pour objectif de répondre à diverses questions notamment celles liées au temps et celles portant sur la dynamique d'un système modélisé. Mais un point essentiel est que cette approche ne tient absolument pas compte de la notion d'amplitude dans les évolutions des entités biologiques. Afin d'exploiter cette notion d'amplitude, nous revenons sur deux modélisations classiques à partir desquelles nous proposons de faire émerger de nouvelles méthodologies plus adaptées et plus fines.

Correspondance entre modélisation purement discrète et modélisation affine par morceaux – relation entre les paramètres discrets. Dans cette deuxième partie de notre travail, nous cherchons à répondre à des questions comme : un comportement oscillatoire est-il issu d'un ensemble de sous-comportements et si oui, lesquels ? Ou encore, existe-t-il des bassins d'attractions et à partir d'un état du système, est-il possible d'atteindre ces bassins d'attractions ? Pour répondre à ces questions, nous avons travaillé en partant de deux modélisations déjà existantes : la modélisation par équations différentielles par morceaux (Piecewise-Affine Differential Equation (PADE communément appelé PLDE)) d'une part et, son abstraction discrète qu'est le formalisme de René Thomas d'autre part. Comme nous le montrons dans cette thèse, ces deux modélisations se

---

1. Soit en français Modélisation d'Évolution Temporelle.

rejoignent car elles permettent d'avoir des expressions très semblables donnant lieu à un graphe d'états identique dans les deux cas.

L'approche que nous utilisons est une approche par contraintes. C'est-à-dire que nous considérons la recherche d'un graphe d'états comme une problème défini par un ensemble de variables et un ensemble de relations entre ces variables sous forme de contraintes. Un graphe d'états est alors défini par un tuple de valeurs pour ces variables qui doivent satisfaire les contraintes. Ce tuple de valeurs peut être fourni par un solveur de contraintes à partir de l'ensemble des variables et de l'ensemble des relations entre ces variables. Notons que ce graphe d'états n'apporte pas les mêmes résultats qu'un graphe d'états obtenu par la modélisation TEM. En effet, les différents états du graphe pour le formalisme de René Thomas et la modélisation par PLDE correspondent aux niveaux d'expression des entités du réseau étudié, tandis que nous nous focalisions plutôt sur leurs tendances évolutives dans la modélisation TEM dont nous avons parlé précédemment.

Une fois le graphe d'états obtenu, nous le voyons comme étant une boîte blanche avec des entrées et des sorties qui sont des états arbitrairement choisis. Dans cette boîte, circulent des flux qui commencent aux entrées et prennent fin aux sorties en passant à travers une succession d'états et de transitions entre ces états. Nous décomposons ainsi le graphe d'états en un ensemble de flux, de façon à ce que toutes les transitions soient traversées par au moins un flux et que la taille des flux nécessaires à ce recouvrement soit minimale. Cette méthode a déjà été utilisée dans le cadre des réseaux métaboliques [LB05] où ces flux sont appelés MMBs (Minimal Metabolic Behaviors).

La modélisation par PLDE et le formalisme de René Thomas, ne permettent pas de raisonner sur des données temporelles très en profondeur. Ces données peuvent pourtant apporter des informations complémentaires et pertinentes. Le formalisme de René Thomas ne donne pas aussi précisément la nature d'un comportement dynamique que la modélisation par PLDE. Mais, en contrepartie, il est difficile de déterminer expérimentalement les paramètres de cette dernière. En intégrant dans le formalisme de René Thomas et la modélisation par PLDE une notion temporelle, il est possible de combler les manques de chacune en apportant plus de précisions au formalisme de René Thomas et des données complémentaires à la modélisation par PLDE. C'est ce que nous cherchons à faire dans la troisième phase de notre démarche.

Intégration des contraintes sur les paramètres continus et discrets pour un raffinement des comportements hybrides. Dans cette troisième partie, nous proposons une modélisation hybride que nous appelons modélisation par décomposition des domaines temporels (TDD). Cette modélisation découpe l'espace d'états de l'expression d'entités biologiques en niveaux d'expression. Ce découpage est identique à celui de la modélisation discrète et à celui de la modélisation par PLDE. Par conséquent, avec cette modélisation TDD nous travaillons sur le même graphe d'états discrets que dans la deuxième partie et la recherche du graphe d'états discrets peut se faire en utilisant la même méthode par contraintes. Afin de raffiner l'analyse des comportements dans ce graphe d'états, nous intégrons à cette structure une notion temporelle de durée : le temps passé dans les états du système. Ce raffinement permet par exemple de connaître les contraintes temporelles conduisant à une bifurcation vers des bassins d'attractions.

La modélisation par TDD peut également exploiter les données temporelles fournies par la modélisation TEM (première étape de notre travail) et focaliser son champ d'étude

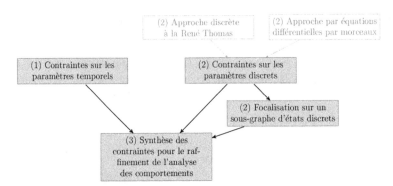

FIGURE 1.2 – Schéma récapitulatif des contributions de la thèse avec en foncé les travaux effectués durant la thèse et leur numéro de phase.

à une zone restreinte dans le graphe d'états discrets grâce à la décomposition par MMBs (deuxième étape de notre travail). Il devient ainsi possible de raffiner l'analyse d'un comportement oscillatoire préalablement étudié par la modélisation TEM afin de savoir par exemple si ce comportement prend, au final, la forme d'une spirale convergente ou divergente, ou encore d'un cycle limite. Ce raffinement final, qui constitue la synthèse des différentes phases de notre travail se veut une contribution à l'analyse des comportements des systèmes biologiques complexes en vue de la prévision, voire de l'évitement de phénomènes pathologiques.

1.4   État de l'art

De part ses thématiques, cette thèse est à rapprocher de travaux qui principalement issus de la communauté francophone.

1.4.1   Les modélisations intégrants la notion de temps.

Travaux de Jamil Ahmad *et al.* [ABC$^+$07, ARB$^+$08].   Ces travaux s'inscrivent dans la même démarche que ceux effectués durant cette thèse et se rapprochent de la modélisation que nous proposons au chapitre 4. La modélisation hybride de J. Ahmad *et al.* ajoute une caractéristique temporelle dans le graphe d'états représentant le comportement dynamique du système modélisé. Les auteurs considèrent que le système reste un certain temps dans ses états et modélisent ce temps par la notion de délais. Ces délais s'accumulent pour une trajectoire donnée dans le graphe d'états et permettent de raffiner l'analyse du système en interdisant certains comportements d'après les données temporelles. Les travaux de J. Ahmad *et al.* sont également axès sur l'analyse de comportements oscillatoires. Pour cela, ils s'attardent sur l'étude de ce qu'ils appellent « les noyaux d'invariance » qui correspondent à des régions dans lesquelles les trajectoires sont cycliques.

Cependant, certains comportements dans leur modélisation ne peuvent pas être retrouvés dans un système par équations différentielles par morceaux. Le cas le plus caractéristique est celui du noyau d'invariance contenant plusieurs trajectoires cycliques. On peut alors observer qu'une trajectoire A qui est plus proche de son point d'équilibre qu'une trajectoire B peut, par la suite, se retrouver plus éloignée que la trajectoire B de ce même point d'équilibre. Un autre point important porte sur l'approximation faite sur l'accumulation temporelle. En effet, les vitesses d'évolutions et les distances peuvent varier d'un état à un autre. Or, lors d'un changement d'état, la distance temporelle entre deux trajectoires ne change pas dans leur modélisation. Il existe également dans cette modélisation des régions pour lesquelles les trajectoires n'ont pas de significations dans la réalité. C'est pour remédier à ces limitations que nous avons apporté les éléments nouveaux qui constituent notre contribution.

Travaux de Heike Siebert et Alexander Bockmayr [SB06]. La modélisation proposée par H. Siebert et A. Bockmayr est proche de celle proposée par *J. Ahmad et al.*. Les auteurs préfèrent travailler sur des intervalles de délais plutôt que sur des délais rendant les trajectoires déterministes. Pour cela, ils considèrent l'intervalle de délais pour passer d'un niveau n à un niveau $n \pm 1$ pour une variable donnée. De plus, ils utilisent des automates temporisés pour leur modélisation qui ne permettent pas de prendre en compte des vitesses d'évolution différentes de 1 (en particulier des vitesses nulles ou négatives) contrairement à la modélisation de J. Ahmad *et al.* et celle que nous proposons dans le chapitre 4. Pour compenser, leur graphe d'états est plus complexe car ils y distinguent les variables évoluant positivement ou négativement et les variables n'évoluant pas.

Travaux de Gregory Batt *et al.* [BBM07]. Les auteurs utilisent le formalisme de O. Maler et A. Pnueli [MP95] pour décrire un réseau de régulation génétique. Avec ce formalisme, les auteurs distinguent clairement les gènes et leurs produits. Les gènes sont représentés comme des fonctions booléennes de produits de gènes. Les produits de gène sont représentés par leurs niveaux de concentration et leur évolution (positive ou négative) est fonction de leur gène (actif ou non). L'action du gène sur le niveau de concentration de son produit est temporisée sur un intervalle de délais. Tout comme dans les travaux de H. Siebert et A. Bockmayr, ils considèrent l'intervalle de délais pour passer d'un niveau n à un niveau $n \pm 1$ pour une variable donnée. Au final, ces deux modélisations sont extrêmement proches bien que le formalisme pour la description du réseau de régulation génétique pour les modéliser soit différent dans chacun des cas et que G. Batt *et al.* considèrent que les produits de gène évoluent continuellement (leur vitesse d'évolution n'est donc jamais nulle).

Les équations différentielles avec délais [HL93]. Un modèle basé sur des équations différentielles avec délais permet de ne pas spécifier tous les processus explicitement et leurs effets sur la dynamique du système peuvent être regroupés et définis sous la forme de délais. Cette caractéristique est intéressante car des données expérimentales pour le système d'intérêt sont souvent manquantes, et certains des processus qui ne sont pas bien connus ou compris peuvent être regroupés sous forme de délais pour réduire ainsi le nombre de variables et de paramètres du modèle. En revanche, ces équations différentielles avec délais sont difficiles à résoudre et les méthodes géométriques et de plan de phase usuelles ne peuvent pas être utilisées simplement.

Travaux de Denis Thieffry [Thi93] et de Marcelle Kaufman *et al.* [KAL99].
D. Thieffry propose dans sa thèse de rajouter la notion de délais dans le formalisme de
René Thomas afin d'expliquer par des contraintes temporelles la bifurcation entre deux
bassins d'attractions (états lytique et lysogénique chez le *phage lambda* par exemple).
M. Kaufman *et al.* proposent une modélisation booléenne en y ajoutant deux délais par
variable (un délai pour passer du niveau 0 au niveau 1 et un délai pour passer du niveau 1
au niveau 0). Puis, ils montrent comment le temps peut avoir une incidence sur l'activation
des cellules T ou sur leur manque de réponse par exemple. L'ensemble de ces travaux
ont utilisé des méthodes manuelles pour l'obtention de leurs résultats sur leur modèle
spécifique. *A contrario*, nous nous efforçons dans notre travail à la mise au point de
méthodes algorithmiques systématiques.

1.4.2   Les méthodes pour la synthèse automatique des paramètres.

Travaux de Adrien Richard *et al.* [RCB05, RCB06].   Les auteurs proposent une
méthode permettant de synthétiser les paramètres du formalisme de René Thomas en
utilisant des spécifications sur la dynamique du système grâce à la logique temporelle
CTL. La méthode consiste à énumérer l'ensemble des paramétrages possibles, puis pour
chaque lot, de vérifier si le graphe d'états qui en résulte valide la spécification CTL. Cette
méthode automatique se trouve être assez lourde car le nombre de paramétrages possibles
est exponentiel par rapport au nombre de paramètres et au nombre de valeurs pouvant
être prises par chaque paramètre.

Travaux de Fabien Corblin *et al.* [CFT07].   Les auteurs proposent d'utiliser la programmation logique par contraintes pour l'analyse des réseaux de régulation génétique.
Les auteurs intégrent la notion d'états singuliers proposés par H. de Jong *et al.* [DGH+04]
dans le cadre de la modélisation par équations différentielles par morceaux et par A. Richard *et al.* [RCB05, RCB06] dans le cadre du formalisme de R. Thomas. À partir d'un
ensemble de prédicats, ils peuvent contraindre la dynamique du système (contraintes d'atteignabilité, contraintes sur les états stationnaires ou sur le nombre d'états stationnaires
etc.). En revanche, ces travaux ne permettent pas l'utilisation d'un langage permettant
des requêtes aussi expressives que ne le permet la logique CTL. En effet, les prédicats
proposés ne correspondent pas à un ensemble d'opérateurs permettant d'obtenir l'expressivité de la logique CTL. De plus, la logique CTL permet l'imbrication de prédicats qui
n'est pas mise en place dans ces travaux.

Travaux de Daniel Mateus *et al.* [MGCL07].   Les auteurs se servent de la logique
temporelle linéaire LTL afin de faire du model-checking sur une exécution symbolique
du système [ALLT05]. Ils spécifient des comportements utilisant LTL et choisissent des
paramètres qui respectent des formules LTL par construction de contraintes. Chaque spécification implique des contraintes que les paramètres doivent satisfaire car elles définissent
le jeu de tous les modèles vérifiant le comportement LTL indiqué. La simplicité due au
passage par une exécution symbolique du système est appréciable mais cela oblige les
auteurs à travailler sur une structure bien plus grande que le graphe d'états résultant du
système d'interaction étudié.

1.5   Organisation du document

Cette thèse s'organise en cinq chapitres. Après ce chapitre 1 d'introduction, le découpage des trois chapitres suivants suit la démarche que nous avons décrite en section 1.3. Le découpage choisi montre un raffinement progressif de la représentation des systèmes complexes.

Le deuxième chapitre est consacré à la modélisation hybride pour les systèmes oscillatoires. Dans la première section, nous décrivons le type de système d'interactions et de réactions que nous souhaitons modéliser. Dans les deuxième et troisième sections, nous décrivons respectivement la syntaxe et la sémantique de cette modélisation hybride. Ensuite, nous montrons comment construire les transitions discrètes du modèle à partir du système d'interactions et de réactions. Puis, nous présentons les possibilités de cette modélisation hybride. Enfin, dans la section suivante, nous montrons au travers d'une étude de cas les résultats que permet d'obtenir une telle modélisation hybride par TEM.

Le troisième chapitre est dédié à de nouvelles approches pour des Modélisations existantes sur les réseaux de régulation génétique. Ce chapitre reprend dans une première section la modélisation par équations différentielles par morceaux (PLDE) puis, dans une deuxième section la modélisation discrète de René Thomas. Nous consacrons la troisième section à rappeler la relation entre la modélisation discrète et la modélisation par PLDE. Pour cela, nous montrons dans la sous-section 3.4, que par définition, la modélisation discrète de René Thomas, n'est qu'une abstraction discrète de la modélisation par PLDE. Puis, nous montrons la corrélation entre ces deux modélisations lorsque nous les considérons comme des systèmes contraints. Une des problématiques majeures posées par ces deux modélisations concerne la recherche de contraintes sur les paramètres afin de trouver des dynamiques qualitatives cohérentes avec le système biologique modélisé. Nous avons voulu répondre à cette problématique en utilisant une approche par contraintes que nous détaillons dans la section recherche de dynamiques qualitatives par contraintes. Après un rappel de la définition de la logique temporelle CTL, nous montrons comment associer des spécifications formulées dans ce langage avec des contraintes obtenues sur les paramètres discrets de René Thomas. Ensuite, nous montrons qu'il est aussi possible d'ajouter des contraintes de flux qui sont obtenues par décomposition des comportements. Pour ce faire, nous montrons comment appliquer des méthodes *a priori* destinées aux comportements métaboliques minimaux (MMB). Pour finir, nous présentons une étude de cas basée sur les notions présentées dans ce chapitre.

Le quatrième chapitre est consacré à la modélisation hybride pour les réseaux de régulation génétique. Cette modélisation hybride s'appuie sur la connaissance des paramètres discrets des deux modélisations présentées dans le chapitre précédent : la modélisation par PLDE et la modélisation discrète de René Thomas. Ce chapitre a une structure très proche du deuxième chapitre sur la modélisation hybride pour les systèmes oscillatoires. Les deux premières sections est dédiées à la syntaxe et à la sémantique de cette modélisation hybride. Ensuite, nous découpons les états discrets du système en sous-domaines et nous introduisons la notion de zones temporelles. Nous montrons aussi comment obtenir des propriétés sur les paramètres temporels à partir de spécifications sur la dynamique du système modélisé. Nous terminons la présentation de cette modélisation hybride par une **étude de cas** afin d'illustrer notre démarche appliquée et nos résultats sur un exemple complet.

Le cinquième chapitre est une conclusion générale qui récapitule les contributions de cette thèse. Puis nous consacrons une section afin de montrer la cohérence et l'imbrication des outils développés durant cette thèse. Pour finir, nous formulons un ensemble de perspectives qui permettraient de prolonger ce travail.

Chapitre 2

Modélisation des paramètres caractéristiques des phénomènes oscillatoires

Dans cette modélisation, nous sommes intéressés par les pics d'expression plutôt que par les niveaux d'expression. Si nous nous focalisons sur les pics d'expression, les états discrets du système peuvent être représentés par un tuple de variables booléennes. Chaque variable booléenne – que nous appelons signe de la dérivée – représente le comportement d'une entité biologique du système en figurant son augmentation ou sa diminution (voir la Figure 2.1).

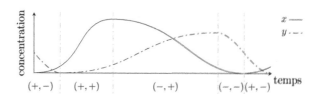

FIGURE 2.1 – Variations de l'expression de deux entités biologiques. Ce comportement correspond au cycle qualitatif $(+,-) \to (+,+) \to (-,+) \to (-,-) \to (+,-)$.

Les transitions entre les états qui correspondent à des pics d'expression sont données par un graphe d'interactions et de réactions. Dans ce graphe, les nœuds sont des entités biologiques et les arêtes orientées et étiquetées sont des interactions ou des réactions. l'étiquetage d'une arête permet de savoir si l'arête est une interaction positive (une expression croissante d'une entité favorise l'expression d'une autre entité), une interaction négative (une expression croissante d'une entité inhibe l'expression d'une autre entité) ou une réaction (une entité est consommée pour former une autre entité).

Les pics d'expression suivent des propriétés temporelles qui sont facilement disponibles et observées expérimentalement. Cette modélisation se base sur l'une de ces propriétés qui est le temps de croissance ou de décroissance des variables du système. Ainsi, cela correspond au temps entre deux pics d'expression d'une variable dans le système (un pic haut et un pic bas). Ce temps de croissance ou de décroissance pour l'expression d'une variable est rarement constant (voir la Figure 2.2) et en tout cas souvent partiellement déterminé, voire indéterminé. Nous choisissons donc d'utiliser un intervalle de temps pour le définir, rendant ainsi notre modélisation non-déterministe. Un pic d'expression pour une variable donnée peut alors exister si et seulement si les contraintes portant sur l'intervalle de temps pour cette variable sont respectées. Les abstractions faites dans cette modélisation visent ici à analyser des comportements oscillatoires et plus particulièrement des comportements périodiques.

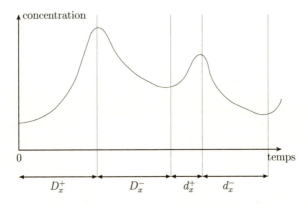

FIGURE 2.2 – Variation de l'expression d'une entité biologique x. D_x^- (resp. d_x^-) représente le délai maximal pour la décroissance de x (resp. le délai minimal pour la décroissance de x). D_x^+ (resp. d_x^+) représente le délai maximal pour la croissance de x (resp. le délai minimal pour la croissance de x).

2.1 Système d'interactions et de réactions

Nous décrivons un système dynamique non linéaire comme étant un système d'interactions et de réactions (IRS) qui est défini comme suit :

Définition 1 (Système d'interactions et de réactions (IRS)) *Un système d'interactions et de réactions (IRS) est un triplet (V, I, R) où :*
- *V est un ensemble fini d'entités biologiques.*
- *$I \subset V \times \alpha \times V$ est un ensemble fini d'interactions étiquetées par $\alpha \in \{+, -\}$ qui est le signe de l'interaction. $(v, \alpha, v') \in I$ est alors l'interaction de v sur v', appelée activation si $\alpha = +$ et inhibition sinon.*
- *$R \subset V \times V$ est un ensemble fini de réactions. $(v, v') \in R$ est alors la réaction de v vers v'.*

Comme illustration, la Figure 2.3 montre le système d'interactions et de réactions $\mathcal{P} = (V, I, R)$ tel que $V = \{x, y\}$, $I = \{(x, +, y), (y, -, x)\}$ et $R = \emptyset$.

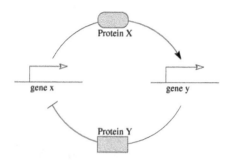

FIGURE 2.3 – Description d'un réseau d'interaction à deux gènes (x, y). Le gène x produit la protéine X qui active la transcription du gène y. Cela implique la production de protéine Y qui réprime la transcription du gène x.

Notons que les auto-régulations positives (c'est-à-dire les interactions de la forme $(v, +, v)$) n'ont pas d'impact sur le modèle hybride puisque de telles interactions ne changent pas les signes des dérivées. Par exemple, si l'expression de v augmente alors son auto-régulation positive pousse v à s'exprimer encore davantage. Dans le cas contraire, si l'expression de v diminue alors son auto-régulation positive pousse v à s'inhiber davantage. Notons également que l'expressivité de ce système d'interactions et de réactions n'est pas limitée par sa syntaxe élémentaire. Par exemple, une réaction (v, v') qui requiert la présence (respectivement l'absence) d'une entité v'' non consommée par la réaction peut être représentée par la réaction (v, v') et l'interaction $(v'', +, v')$ (respectivement $(v'', -, v')$). La notion de complexe peut aussi être représentée de façon abstraite. La première possibilité (qui est la plus précise) est de représenter le complexe comme une entité du système. Par exemple, si les entités v et v' forment un complexe qui agit positivement sur v'', alors le système a les réactions (v, vv'), (v', vv') et l'interaction $(vv', +, v'')$ avec $vv' \in V$. L'autre possibilité est la duplication des interactions et des réactions pour chaque entité du complexe. Par conséquent, pour cette solution et avec l'exemple précédent, les réactions du système sont (v, v'') et (v', v'').

2.2   Syntaxe

En nous basant sur le système d'interactions et de réactions, nous construisons un modèle d'évolution temporelle (TEM) qui est une sous-classe d'automates hybrides linéaires qu'on appelle les automates temporisés [AD94]. Par la suite, nous y faisons néanmoins référence comme étant un automate hybride [ACH+95, LSV03] car c'est ainsi que nous le décrivons dans les outils de vérification paramétrique que nous utilisons puisque aucun outil similaire n'est actuellement disponible à notre connaissance pour effectuer ce type de vérification pour les automates temporisés. Étant donné un ensemble de variables X, soit $C(X)$ l'ensemble des conjonctions des contraintes de la forme $x \diamond c$ avec $x \in X$, $c \in \mathbb{Q}$ et $\diamond \in \{\leq, =, \geq\}$.

Définition 2 (TEM) *Un modèle d'évolution temporelle (TEM) défini sur un IRS (V, I, R)*

est un 5-uplet
$\mathcal{D} = (L, l_0, H, E, Inv)$ *où :*
- $L = \{(s_1, \ldots, s_n) \mid s_i \in \{+, -\}\}$ *est un ensemble fini d'états discrets et n est le nombre de variables ($n = |V|$).*
- $l_0 \in L$ *est l'état discret initial.*
- H *est un ensemble fini de variables réelles positives (c.-à-d. les horloges du système avec un dérivée par rapport au temps égale à 1).*
- $E \subset L \times C(H) \times 2^H \times L$ *est un ensemble fini d'arêtes. $(l, \mu, \mathcal{R}, l') \in E$ est alors une transition de l'état discret l vers l'état discret l', avec la garde μ et $\mathcal{R}$, l'ensemble des horloges qui sont remises à zéro lorsque la transition est tirée.*
- $Inv \in C(H)^L$ *attribue un invariant à chaque état discret.*

Voici le TEM de notre exemple biologique représenté en Figure 2.3 et illustré en Figure 2.4.
- $L = \{(+, +), (-, +), (-, -), (+, -)\}$,
- $l_0 = (+, -)$ (choisi arbitrairement [1]),
- $H = \{h_x, h_y\}$,
- $E = \{((+, +), \{h_x \geq d_x^+\}, \{h_x \leftarrow 0\}, (-, +)), ((-, +), \{h_y \geq d_y^+\}, \{h_y \leftarrow 0\}, (-, -)),$
  $((-, -), \{h_x \geq d_x^-\}, \{h_x \leftarrow 0\}, (+, -)), ((+, -), \{h_y \geq d_y^-\}, \{h_y \leftarrow 0\}, (+, +))\}$ et
- $Inv = \{((+, +), \{h_x \leq D_x^+, h_y \leq D_y^+\}), ((-, +), \{h_x \leq D_x^-, h_y \leq D_y^+\}),$
  $((-, -), \{h_x \leq D_x^-, h_y \leq D_y^-\}), ((+, -), \{h_x \leq D_x^+, h_y \leq D_y^-\})\}$.

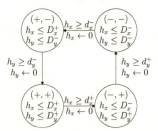

FIGURE 2.4 – TEM du réseau présenté en Figure 2.3.

2.3   Sémantique

La dynamique du système hybride est donnée à partir de caractéristiques discrètes et continues qui sont expliquées ci-dessous.

Description discrète (signification des états et des transitions discrètes).
La dynamique discrète du système hybride est représentée par un ensemble fini d'états discrets. Soit $l = (s_1, \ldots, s_n)$ un état discret avec n le nombre de variables et $s_i \in \{+, -\}$ le signe de la dérivée de x_i. Par conséquent, il existe deux valeurs possibles de signe qui peuvent être : + (ce qui signifie que x est actuellement en

---

1. Puisque nous sommes seulement intéressés par les cycles, il n'est pas important que cet état discret soit précisément l'état de départ.

augmentation) et $-$ (ce qui signifie que x est actuellement en diminution), et la cardinalité de l'ensemble des états discrets possibles est 2^n. Nous sommes principalement intéressés par le temps passé dans chaque état discret où l'évolution de chaque variable reste inchangée. Par exemple dans la Figure 2.1, l'état discret $(+, -)$ montre que x augmente quand y diminue.

Une transition d'un état discret à un autre, est une transition discrète étiquetée par une garde μ telle que $h \geq p$ où h est une horloge et p un paramètre du système hybride. Une transition discrète signifie un pic de concentration d'une variable. Par conséquent, l'ensemble fini des transitions discrètes décrit la dynamique qualitative du système.

Description continue (mesure du temps par les états continus).
La dynamique continue du système hybride est représentée par un ensemble d'états continus. Un état continu est défini comme un état discret l avec un n-uplet d'horloges $\nu = (h_1, \ldots, h_n)$. De telles horloges évoluent avec le temps et leur évolution est définie par $\frac{dh_i}{dt} = 1$ et est contrainte par les invariants. L'horloge d'un état discret spécifique doit toujours vérifier les invariants de son état discret. Les invariants sont des conjonctions de contraintes de la forme $h \leq p$ où h est une horloge et p est un paramètre de la modélisation hybride. Ainsi, l'invariant de l'état discret $(s_1, \ldots, s_n)$ est

$$\bigwedge_{i \in [1, n]} h_i \leq D_i^{s_i}.$$

Les gardes et les invariants contraignent les horloges. Par exemple, si l'invariant de l'état discret l est $h_i \leq D_{x_i}^\alpha$ et la garde d'un transition de l vers l' est $h_i \geq d_{x_i}^\alpha$, alors le système attend dans l pendant un délai compris dans l'intervalle $[d_{x_i}^\alpha, D_{x_i}^\alpha]$ pour atteindre l'. Chaque variable x est associée à 4 paramètres ayant une valeur comprise dans l'ensemble des réels positifs et qui sont les limites de deux intervalles de délais : $[d_x^+, D_x^+]$ signifiant un intervalle de délais où x augmente et respectivement $[d_x^-, D_x^-]$ où x diminue. La Figure 2.5 montre de tels paramètres avec la variation de concentration de la production d'un gène. Ainsi par construction, nous avons pour chaque variable x les contraintes structurelles suivantes : $0 \leq d_x^\alpha \leq D_x^\alpha$ avec $\alpha \in \{+, -\}$.

L'exécution dans un TEM est donnée par un système de transitions temporisé.

Définition 3 (Exécution dans un TEM) *Le système de transitions temporisé d'un TEM $\mathcal{D} = (L, l_0, H, E, Inv)$ est un triplet $(S, s_0, \rightarrow)$ où $S = \{(l, \nu) \mid l \in L$ et $\nu \models Inv(l)\}$ est l'ensemble des états continus ; $s_0 \in L$ est l'état discret initial ; et $\rightarrow$ est la relation de transition qui est définie pour $t \in \mathbb{R}_{\geq 0}$ comme étant*
- *soit une transition discrète : $(l, \nu) \rightarrow (l', \nu')$ si $\exists (l, \gamma, \mathcal{R}, l') \in E$ tel que la garde γ est vraie pour la valeur ν ($\nu \models \gamma$) ; nous conservons la valeur ν de x, excepté après une remise à zéro ($\nu'(x) = \nu(x)$ si $x \notin \mathcal{R}$ et 0 sinon) ; et l'invariant doit toujours être vrai dans l'état discret cible ($\nu' \models Inv(l')$).*
- *soit une transition temporelle : $(l, \nu) \xrightarrow{t} (l, \nu')$ si $\nu' = \nu + \frac{dH}{dt} \times t$, et $\forall t' \in [0, t]$, $\nu + \frac{dH}{dt} \times t \models Inv(l)$.*

Par exemple, soit 7 et 12 les valeurs initiales des horloges de x et y. $((+, +), (7, 12))$ est l'état continu initial du TEM de la Figure 2.4. Après un délai de $d_x^+ - 7$, il devient possible d'aller dans l'état discret $(-, +)$ puisque la garde $(h_x \geq d_x^+)$ de la transition

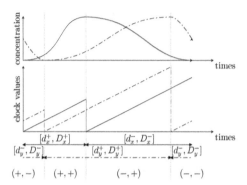

FIGURE 2.5 – La variation de concentration de la production d'un gène pour le TEM montré en Fig. 2.4. Le comportement correspond au cycle qualitatif $(+,-) \rightarrow (+,+) \rightarrow (-,+) \rightarrow (-,-) \rightarrow (+,-)$. Les courbes en pointillés représentent les horloges et l'évolution de la concentration de Y. Les autres courbes représentent les horloges et l'évolution de la concentration de X.

discrète $((+,+),(d_x^+, d_x^+ + 5)) \rightarrow ((-,+),(0, d_x^+ + 5))$ est évaluée à vrai. À partir de cet état continu initial, il est aussi possible d'attendre dans l'état discret $(+,+)$ durant un délai maximal de $D_x^+ - 7$. Dans l'état discret $(+,+)$, la valeur D_x^+ est le plus long temps pour que la transition discrète $((+,+),(D_x^+, D_x^+ + 5)) \rightarrow ((-,+),(0, D_x^+ + 5))$ soit tirée et pour que l'invariant $h_x \leq D_x^+$ soit vrai.

2.4 Construction des transitions discrètes à partir de l'IRS

Dans un premier temps, nous considérons que les transitions discrètes peuvent avoir lieu seulement pour un changement de variable à la fois. C'est-à-dire qu'une transition discrète est possible entre deux états discrets $l = (s_1, \ldots, s_n)$ et $l' = (s'_1, \ldots, s'_n)$ seulement si $\exists i$ tel que $s_i \neq s'_i$ et $\forall k \neq i$, $s_k = s'_k$. Naturellement, cette contrainte peut être relaxée dans certains cas où des variables sont connues pour avoir leurs pics de concentration synchronisés. Les règles pour construire les transitions discrètes à partir de l'IRS sont les suivantes :

1. Une réaction (x_i, x_j) lorsque $s_i \neq s_j$ implique une transition discrète $(l, h_j \geq d_{x_j}^{s_j}, h_j \leftarrow 0, l')$.

2. Une réaction (x_i, x_j) lorsque $s_i = +$ implique une transition discrète $(l, h_i \geq d_{x_i}^+, h_i \leftarrow 0, l')$.

3. Une interaction $(x_i, +, x_j)$ lorsque $s_i \neq s_j$ implique une transition discrète $(l, h_j \geq d_{x_j}^{s_j}, h_i \leftarrow 0, l')$.

4. Une interaction $(x_i, -, x_j)$ lorsque $s_i = s_j$ implique une transition discrète $(l, h_j \geq d_{x_j}^{s_j}, h_j \leftarrow 0, l')$.

Par la suite, l'exemple permettant de mieux comprendre ces différentes règles est issu de l'IRS de la figure 2.6. Nous considérons l'état discret $(-, +, +)$ où les variables b et

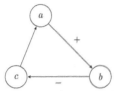

FIGURE 2.6 – IRS permettant d'illustrer les exemples pour les quatre règles pour la construction des transitions discrètes. Les flèches étiquetées sont des interactions (positive $(+)$ ou négative $(-)$) et la flèche non-étiquetée est une réaction.

c ont un signe de dérivée positif et la variable a a un signe de dérivée négatif. Nous remarquons alors que la construction des transitions discrètes à partir de cet état discret fait appel à la règle (1). En effet, la réaction (c, a) peut permettre à la variable a de changer son signe de dérivée afin qu'il devienne positif. De plus, comme c a un signe de dérivée positif, la règle (2) nous indique que c peut également changer de signe de dérivée car la réaction (c, a) peut consommer plus de c qu'il n'y a de production. Enfin, les interactions $(a, +, b)$ et $(b, -, c)$ permettent d'utiliser respectivement les règles (3) et (4) car l'interaction $(a, +, b)$ peut potentiellement faire changer le signe de dérivée de b (puisque a tend à faire s'exprimer davantage b) et l'interaction $(b, -, c)$ peut faire changer le signe de dérivée de c (puisque b tend à inhiber davantage c).

2.5 Discussion

2.5.1 Utilisation et interprétation des paramètres temporels

Temps entre des pics de concentration. Il existe différentes méthodes pour contraindre le temps entre deux pics de concentration en fonction des cas de figure. La méthode la plus simple consiste à vouloir contraindre le temps minimal (respectivement maximal) entre deux pics de concentration d'une même variable x. Comme ce temps est directement donné par les paramètres d_x^+, d_x^- (respectivement D_x^+, D_x^-) ou par une expression linéaire de ces paramètres, il suffit de contraindre ces paramètres ou cette expression linéaire.
Sinon, il est aussi possible d'utiliser l'horloge h_x pour mesurer le temps entre un pic p de x et un pic p' d'une autre variable, si l'horloge h_x utilisée n'est pas remises à zéro entre-temps (c'est-à-dire qu'il ne doit pas y avoir de pic de concentration de la variable x entre p et p'). Les contraintes temporelles pour le temps entre p et p' sont alors sur la garde de la transition discrète correspondant au pic p.
De façon plus générale, il est possible d'utiliser une nouvelle horloge pour mesurer le temps entre un pic quelconque p et un autre pic quelconque p'. La transition discrète correspondant au pic p doit alors mettre à zéro la nouvelle horloge et la transition discrète correspondant au pic p' doit avoir sur sa garde la contrainte temporelle pour le temps entre p et p'.

État d'équilibre. Les états d'équilibre (quand les signes de variation sont nuls) n'ont pas lieu dans une telle modélisation. Le seul moment où un signe est vu comme nul, est pour un pic de concentration (c'est-à-dire une transition discrète). Néanmoins, d'un point de vue biologique, un état d'équilibre peut être vu à travers les deux phénomènes suivants :

- Un état d'équilibre peut être vu comme une oscillation qui a une amplitude extrêmement faible.
- Dans un état discret $(s_0, \ldots, s_n)$, une vitesse de concentration peut être extrêmement lente ou bien asymptotiquement lente. Pour représenter ce cas, nous avons $\forall i, D_i^{s_i} = +\infty$. Cette interprétation est nécessaire pour un système modélisé atteignant un état discret sans transition discrète sortante.

2.5.2   Restriction des valeurs pour les signes de dérivées

Lorsque l'expression d'une variable est constante, son signe de dérivée est égal à zéro. Dans cette modélisation, nous avons choisi de ne pas représenter ce cas pour plusieurs raisons.

Premièrement, en règle générale lorsque nous considérons qu'une variable à une expression constante, cela n'est qu'une simplification du système biologique étudié. En effet, si l'expression d'une variable est ni basale ni maximale, alors il est fort probable que celle-ci évolue constamment même si ses variations sont proches d'une moyenne.

Deuxièmement, la représentation d'un tel cas n'a qu'un faible apport dans la modélisation car celle-ci ne tient pas compte des niveaux d'expressions. De fait, savoir que l'expression d'une variable est constante sans connaître son niveau ne permet pas de savoir les répercussions que cette variable peut avoir sur le système. Afin d'y remédier et de connaître ces répercussions, nous pouvons tenir compte de l'état précédent du système, mais cela ne permet pas d'affiner la représentation de la dynamique qualitative. En effet, sans connaissance des niveaux d'expression, seul l'état précédent peut être pris en compte. Par conséquent, si l'expression d'une variable x est constante puis qu'une autre variable change de signe de dérivée pour prendre la valeur -1 ou 1, alors il devient impossible de connaître les répercutions de l'expression de la variable x qui est toujours constante.

Pour finir, d'un point de vue pratique, prendre en compte les signes de dérivées égales à zéro augmenterait considérablement l'espace d'états (qui passerait, pour un système à n variables, de 2^n à 3^n) mais également le nombre de paramètres du système (qui passerait de 4 paramètres par variable à 6 paramètres par variable).

2.5.3   Raisonnement compositionnel

Il est possible de voir un TEM comme une composition d'automates hybrides. Une composition d'automates hybrides est un ensemble d'automates libres qui communiquent entre eux par des variables d'entrée/sortie et/ou par des étiquettes sur les transitions discrètes permettant de synchroniser les transitions discrètes entre elles. Pour la modélisation TEM, nous utilisons uniquement les étiquettes permettant les synchronisations. Ainsi des transitions discrètes ayant une étiquette commune doivent être synchrones. Les avantages du raisonnement compositionnel sont : les automates hybrides sont bien plus simples et il est plus facile d'imposer des spécifications dynamiques sur un système ainsi modélisé. De plus, la description du modèle est bien plus concise en utilisant ce raisonnement.

Définition 4 (TEM compositionnel) *Un modèle d'évolution temporelle composition-nel (TEM compositionnel) est un ensemble d'automates de la forme $A = \{A_i\}_{1 \leq i \leq n} \bigcup A_{controller}$.* *Chaque automate A_i représente le comportement d'une entité i et l'automate $A_{controller}$* *contrôle l'ensemble des synchronisation du système. Chaque automate $\mathcal{A}$ est un 5-uplet* *(L, l_0, H, E, Inv) où :*

- *L est un ensemble fini d'états discrets tel que $L = \{+, -\}$ si $\mathcal{A} \in \{A_i\}_{1 \leq i \leq n}$ et $L = \{always\}$ sinon, avec always un état discret.*
- *$l_0 \in L$ est l'état discret initial.*
- *H est un ensemble fini de variables réelles positives (c.-à-d. les horloges du système avec une dérivée par rapport au temps égale à 1).*
- *$E \subset L \times C(H) \times 2^H \times L$ est un ensemble fini d'arêtes. $(l, lab, \gamma, \mathcal{R}, l') \in E$ est alors une transition de l'état discret l vers l'état discret l', avec γ la garde, R l'ensemble fini des horloges qui sont remises à zéro lorsque la transition est tirée, et lab est une étiquette de synchronisation.*
- *$Inv \in C(H)^L$ attribue un invariant à chaque état discret.*

Notons que l'ensemble des horloges H d'un automate A_i contient seulement l'horloge de la variable i et que l'ensemble H d'un automate $A_{controller}$ est vide. Notons également que l'invariant d'un automate A_i pour un état discret $+$ est simplement $h_i \leq D_i^+$ et $h_i \leq D_i^-$ pour un état discret $-$.

Dans un automate $A_{controller}$, l'invariant (pour le seul état discret *always*) est une tautologie et les gardes pour chaque transition discrète de l'automate sont également des tautologies. Comme nous avons fait l'hypothèse que les transitions discrètes dans TEM ne peuvent être synchrones, nous spécifions le même comportement dans TEM compositionnel en posant les contraintes suivantes : pour chaque transition discrète d'un automate A_i, il existe une transition discrète dans l'automate $A_{controller}$ (donc forcément de *always* à *always*) avec la même étiquette de synchronisation.

La construction des transitions discrètes à partir de l'IRS suit les règles ci-dessous où *lab*, *lab'* et *lab''* sont des étiquettes qui permettent de synchroniser les évolutions en x et en y. Pour toute interaction (v', α, v), il existe quatre transitions discrètes qui sont :

- $(+, lab, h_v \geq d_v^+, h_v \leftarrow 0, -)$ et $(-, lab', h_v \geq d_v^-, h_v \leftarrow 0, +)$ pour l'automate A_v.
- $(+, lab, true, \emptyset, +)$ et $(-, lab', true, \emptyset, -)$ pour l'automate $A_{v'}$ si $\alpha = -$.
- $(+, lab', true, \emptyset, +)$ et $(-, lab, true, \emptyset, -)$ pour l'automate $A_{v'}$ si $\alpha = +$.

Ainsi, en reprenant l'IRS de la Figure 2.6 pour l'interaction négative $(b, -, c)$, nous avons une transition discrète permettant à la variable c de passer de l'état discret $+$ à l'état discret $-$ en se synchronisant à la transition discrète $(+, lab, true, \emptyset, +)$ de l'automate de b. C'est-à-dire que la transition discrète $(+, lab, h_c \geq d_c^+, h_c \leftarrow 0, -)$ de l'automate de c ne peut avoir lieu que si b est dans l'état $+$.

Pour toute réaction (v', v), il existe cinq transitions discrètes qui sont :

- $(+, lab, h_v \geq d_v^+, h_v \leftarrow 0, -)$ et $(-, lab', h_v \geq d_v^-, h_v \leftarrow 0, +)$ pour l'automate A_v.
- $(+, lab', true, \emptyset, +)$, $(-, lab, true, \emptyset, -)$ et $(+, lab'', h_v \geq d_{v'}^+, h_{v'} \leftarrow 0, -)$ pour l'automate $A_{v'}$.

Ainsi en reprenant l'IRS de la Figure 2.6 pour la réaction (c, a), nous avons une transition discrète permettant à la variable a de passer de l'état discret $+$ à l'état discret $-$ en se synchronisant à la transition discrète $(-, lab, true, \emptyset, -)$ de l'automate de c. C'est-à-dire que la transition discrète $(+, lab, h_a \geq d_a^+, h_a \leftarrow 0, -)$ de l'automate de a ne peut avoir lieu que si c est dans l'état $-$. De plus, à tout moment, la transition discrète permettant à c de passer de l'état $+$ à l'état $-$ peut avoir lieu à cause de la consommation en c de la réaction (c, a).

En reprenant l'exemple donné par la Figure 2.3 page 15, nous avons le TEM compositionnel illustré par la Figure 2.4 page 16. Ce TEM compositionnel contient trois automates A_x, A_y et $A_{\text{controller}}$ où A_x est :
- $L = \{+, -\}$,
- $l_0 = -$ (choisi arbitrairement),
- $H = \{h_x\}$,
- $E = \{(+, lab_1, \{h_x \geq d_x^+\}, \{h_x \leftarrow 0\}, -), (-, lab_2, \{h_x \geq d_x^-\}, \{h_x \leftarrow 0\}, +),$
  $(+, lab_3, \{true\}, \emptyset, +), (-, lab_4, \{true\}, \emptyset, -)\}$ et
- $Inv = \{(+, \{h_x \leq D_x^+\}), (-, \{h_x \leq D_x^-\})\}$.

où A_y est :
- $L = \{+, -\}$,
- $l_0 = -$ (choisi arbitrairement),
- $H = \{h_y\}$,
- $E = \{(+, lab_4, \{h_y \geq d_y^+\}, \{h_y \leftarrow 0\}, -), (-, lab_3, \{h_y \geq d_y^-\}, \{h_y \leftarrow 0\}, +),$
  $(+, lab_1, \{true\}, \emptyset, +), (-, lab_2, \{true\}, \emptyset, -)\}$ et
- $Inv = \{(+, \{h_y \leq D_y^+\}), (-, \{h_y \leq D_y^-\})\}$.

et où $A_{\text{controller}}$ est :
- $L = \{always\}$,
- $l_0 = always$,
- $H = \emptyset$,
- $E = \{(always, lab_1, \{true\}, \emptyset, always), (always, lab_2, \{true\}, \emptyset, always),$
  $(always, lab_3, \{true\}, \emptyset, always), (always, lab_4, \{true\}, \emptyset, always)\}$ et
- $Inv = \{(always, true)\}$.

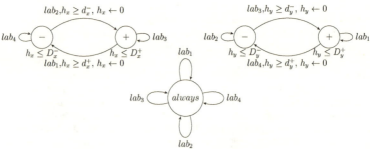

FIGURE 2.7 – TEM compositionnel du réseau montré en Fig. 2.3 où l'automate de gauche est pour la variable x, l'automate de droite est pour la variable y et l'automate du milieu est pour le contrôleur.

Le produit de ces trois automates de la modélisation TEM compositionnel permet d'obtenir l'automate de la modélisation TEM. Ainsi, le produit des états discrets donne quatre états discrets : $(+, +, always)$, $(+, -, always)$, $(-, +, always)$ et $(-, -, always)$. Comme la troisième variable est toujours égale à $always$, nous pouvons simplifier la notation des états discrets de la manière suivante : $(+, +, always)$, $(+, -)$, $(-, +)$ et $(-, -)$. Ensuite, nous reprenons chaque transition discrète permettant un changement d'état discret dans la modélisation TEM compositionnel pour lui trouver une équivalence dans le produit d'automates. Ainsi, la transition discrète $(+, lab_1, \{h_x \geq d_x^+\}, \{h_x \leftarrow 0\}, -)$ qui permet à la variable x de passer de l'état discret $+$ à l'état discret $-$ doit se synchroniser avec les transitions discrètes $(+, lab_1, \{true\}, \emptyset, +)$ de l'automate A_y et $(always, lab_1, \{true\}, \emptyset, always)$ de l'automate $A_{\text{controller}}$. Ce qui signifie que x peut passer de l'état discret $+$ à l'état discret $-$ uniquement si y est dans l'état discret $+$. De plus, la synchronisation avec la transition $(always, lab_1, \{true\}, \emptyset, always)$ de l'automate $A_{\text{controller}}$ empêche les éventuelles synchronisations avec les transitions discrètes étiquetées par lab_2, lab_3 ou lab_4 (puisque l'automate $A_{\text{controller}}$ ne peut effectuer qu'une transition à la fois). Par conséquent, la transition discrète $(+, lab_1, \{h_x \geq d_x^+\}, \{h_x \leftarrow 0\}, -)$ dans la modélisation TEM compositionnel correspond à la transition discrète $(+, +) \rightarrow (-, +)$ dans la modélisation TEM. En reprenant cette démarche, pour les trois autres transitions discrètes, nous avons finalement : $(-, lab_2, \{h_x \geq d_x^-\}, \{h_x \leftarrow 0\}, +)$ qui correspond à la transition discrète $(-, -) \rightarrow (+, -)$ dans TEM, $(+, lab_4, \{h_y \geq d_y^+\}, \{h_y \leftarrow 0\}, -)$ qui correspond à la transition discrète $(-, +) \rightarrow (-, -)$ dans TEM et enfin $(-, lab_3, \{h_y \geq d_y^-\}, \{h_y \leftarrow 0\}, +)$ qui correspond à la transition discrète $(+, -) \rightarrow (+, +)$ dans TEM. Nous retrouvons donc l'automate de la modélisation TEM en faisant le produit des automates de la modélisation TEM compositionnel.

2.5.4   Analyses par model-checking

Model-checking.   Nous utilisons des outils de model-checking pour spécifier la dynamique du système étudié. Ces spécifications correspondent à des contraintes d'atteignabilité. Les spécifications sont donc de la forme : la région B est atteignable à partir de la région A. Une région est décrite par l'ensemble des états discrets qui la contienne et par un ensemble de contraintes sur les paramètres (c'est à dire un ensemble d'équations ou d'inéquations combinées par des opérateurs de conjonction ou de disjonction). Une spécification d'atteignabilité renvoie une région qui est une sous-région de la région cible. Cette sous-région peut alors être utilisée à son tour pour une nouvelle spécification d'atteignabilité. Nous pouvons ainsi contraindre la dynamique du système étudié à suivre une succession de phases de croissance ou de décroissance pour certaines variables d'intérêts. Les contraintes résultantes définissant la dernière région cible atteignable correspondent alors aux contraintes nécessaires pour la dynamique souhaité.

Limitations.   Actuellement, les outils de model-checking utilisés qui permettent de faire de la vérification paramétrique sur des modèles hybrides limitent la taille des modèles (qui sont de taille exponentielle par rapport au nombre de variables) que nous pouvons étudier. En pratique, le besoin de mémoire des transitions discrètes et des états discrets est élevé, ce qui ne nous permet pas d'excéder (approximativement) les dix mille états discrets et transitions discrètes. Cette limitation est également valable pour la composition d'automates car il est nécessaire de construire l'automate global résultant, ce qui demande plus de mémoire vive car l'automate global n'est pas optimum. En outre, les opérations utilisées sur les polyèdres par les model-checkers ont fréquemment un coût exponentiel selon le nombre de variables.

Il existe quelques solutions pour dépasser ces limitations. Pour la limitation sur la

taille du modèle, nous pouvons réduire le nombre de variables et/ou d'horloges :
- Nous pouvons considérer uniquement un délai au lieu d'un intervalle de délais.
- Nous pouvons considérer uniquement les horloges et les délais des variables pertinentes, par conséquent seule la dynamique discrète sur les variables non-pertinentes
  est conservée. Nous utilisons alors des tautologies sur les gardes et sur les invariants
  au lieu des conditions sur ces délais.

Bien que dans notre cas, ce soit les seules limitations que nous ayons rencontrées, il
existe également une solution pour l'analyse d'atteignabilité. L'article [Jha08] propose
un algorithme d'atteignabilité distribué qui peut être utilisé avec des plateformes comme
GenoCluster [2]. Néanmoins, l'implémentation de cet algorithme de [Jha08] dans les outils
que nous avons utilisés n'est pas disponible actuellement. De plus, seule la recherche
d'atteignabilité est alors distribuée et dans notre cas, il serait bien plus intéressant que le
modèle lui même soit distribué.

2.6　Étude de cas

2.6.1　Implémentation

TEM est implémenté grâce à un logiciel dédié appelé « *GUI-TEM* » sous licence
CeCILL [3] et qui est accessible sur internet [4]. Ce programme est multi-plateformes et est
écrit en Java. Son interface graphique permet d'analyser facilement un modèle biologique
avec TEM sans avoir à connaître les model-checkers utilisés (c'est-à-dire *HyTech* [HHW]
ou *PHAVer* [Fre05]).

2.6.2　Application : le cycle circadien

L'originalité de notre approche de modélisation hybride par TEM, est principalement
liée à l'utilisation des contraintes temporelles de durée. Les modèles biologiques peuvent
être séparés en deux classes. Certains modèles représentent des comportements d'équilibre,
tandis que d'autres montrent les comportements oscillants des entités. Parmi ces derniers,
les systèmes les plus étudiés pour leurs propriétés temporelles sont les cycles circadiens.
Un cycle circadien est une oscillation avec une période d'environ 24 heures. Les processus
biologiques complexes étant à la base de ce rythme naturel – qui a lieu dans une large
gamme d'organismes – peuvent être récapitulés par un ensemble d'interactions entre des
gènes spécifiques.

TEM pour le cycle circadien

Un très grand nombre de travaux ont porté sur à l'horloge circadienne des cellules
de Drosophile depuis de nombreuses années et cela reste un domaine de recherche fortement étudié comme le montrent ces travaux les plus récents [KZD09, KDRH09, KLBG09,
LFWS09, RWRH09]. Chez la drosophile, les oscillations circadiennes des deux protéines
Period (PER) et *Timless* (TIM) résultent de multiples phosphorylations de PER et TIM

---

2. Voir le site http ://www.genouest.org.
3. Licence française de logiciel libre compatible avec la GNU GPL.
4. Á l'adresse http ://sites.google.com/site/jonathanfromentin.

et d'une boucle de rétroaction négative exercée par le complexe PER-TIM sur l'expression des gènes per et tim. Basé sur ces observations expérimentales, Leloup et Goldbeter ont proposé un modèle utilisant dix équations différentielles ordinaires [LG98] qui étend un précédent modèle basé uniquement sur l'oscillation de PER [Gol95]. Les auteurs prennent en compte de nombreux paramètres qui peuvent affecter les oscillations comme les taux de synthèse des protéines, les protéines elles-même, les taux de dégradation de l'ARNm et la formation ou la dissociation du complexe PER-TIM. Le modèle proposé par Leloup et Goldbeter [LG98] montre une précision particulière avec les connaissances expérimentales (c'est-à-dire l'amplitude d'oscillations, série chronologique d'ARNm et les concentrations de protéines). Ce modèle permet de représenter de nombreuses observations expérimentales comme la confirmation du cycle circadien dans une obscurité constante, par des impulsions lumineuses variables, ou encore dans des cycles jour/nuit appropriés. Pour toutes ces caractéristiques, nous considérons le modèle de l'horloge circadienne de la drosophile comme un banc d'essai précis et adapté pour évaluer notre approche de modélisation.

En nous basant sur le réseau de Leloup et Goldbeter [LG98] et après les descriptions ci-dessous, nous construisons l'IRS correspondant au modèle d'horloge circadienne (voir Figure 2.8(a)). Néanmoins, ce modèle ne permet pas d'exploiter correctement le peu de

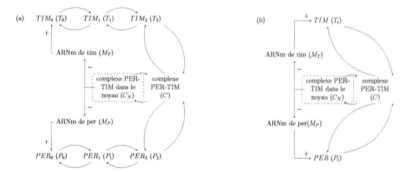

FIGURE 2.8 – Systèmes d'interactions et de réactions (IRS) pour le modèle de Leloup et Goldbeter [LG98] où les flèches étiquetées sont des interactions (positive (+) ou négative (−)) et où les flèches non-étiquetées sont des réactions. **À gauche** : l'IRS. **À droite** : l'IRS simplifié utilisé dans notre étude de cas.

contraintes fournies dans l'article de Leloup et Goldbeter [LG98]. En effet, les hypothèses biologiques de [LG98] pour leurs simulations concernent principalement la concentration totale de protéine PER (P_t) et la concentration totale de protéine TIM (T_t), qui ne sont pas représentées comme des entités biologiques distinctes dans l'IRS. Puisque les entités biologiques PER_0 (resp. la protéine TIM non-phosphorylée TIM_0), PER_1 (resp. la protéine TIM mono-phosphorylée TIM_1) et PER_2 (resp. la protéine TIM bi-phosphorylée TIM_2) correspondent à une simple chaîne de réactions phosphoriques qui mène à la complexation des protéines PER (resp. TIM), nous considérons cette chaîne comme étant seulement une entité biologique représentant toutes les protéines PER (resp. TIM) (voir Figure 2.8 pour des détails). De ces hypothèses, nous obtenons un IRS (décrit dans la Figure 2.8(b)) qui mène à un graphe qualitatif de 64 états discrets et 284 transitions discrètes (voir la Figure

1 des annexes .1.1 page 92).

Leloup et Goldbeter précisent que la prise en compte d'un plus grand nombre de résidus phosphorylés ne ferait que complexifier leur modèle inutilement. En effet chez les eucaryotes, la phosphorylation et la déphosphorylation des protéines sont principalement des mécanismes de régulation qui permettent d'activer ou désactiver les protéines pour certaines réactions. la phosphorylation et la déphosphorylation sont en général régulées par des signaux extérieurs qui ne sont pas pris en compte dans leur modèle et le seul méchanisme de régulation à contrôler est la complexation de PER et TIM. Notre simplification, qui ne fait que réduire les deux chaînes de réactions phosphoriques, n'a donc pas de conséquence sur le comportement global du modèle.

Ce modèle est automatiquement analysé en utilisant l'outil « *GUI-TEM* » mentionné précédemment. De plus, comme nous le montrons dans la section suivante, il permet des vérifications paramétriques, qui sont particulièrement précises pour confirmer des résultats basés sur peu de connaissances disponibles pour les paramètres de TEM.

2.6.3   Analyse des contraintes circadiennes obtenues

Par nature, le système circadien présente des oscillations pour une durée d'environ 24 heures. Dans un premier temps, à partir de là, nous avons analysé le cycle où les variables pour ARNm de per (M_P) et pour l'ARNm de tim (M_T) sont en phase (c'est-à-dire qu'elles augmentent et diminuent en même temps) et décrivent un pic haut et un pic bas. Ce cycle est donc $(+, +, \dots) \to^* (-, -, \dots) \to^* (+, +, \dots)$ avec $\to^*$ qui décrit un ordre fini de transitions discrètes (où la première variable est M_P et la deuxième variable est M_T (les autres variables ne sont pas spécifiées et elles peuvent prendre n'importe quelle valeur)).

Comme dans l'article de Leloup et Goldbeter [LG98], nous choisissons d'analyser une période de 24 heures dans des conditions d'obscurité constante. C'est-à-dire que nous ajoutons une horloge nommée h_{period} initialement nulle dans l'état discret $(+, +)$ et finalement égale à 24 dans le même état discret. Nous mettons aussi des contraintes temporelles selon les hypothèses formulées dans l'article [LG98] :

- 5 heures après les pics hauts de M_P et M_T, il y a le pic haut de C_N. Pour cela, nous ajoutons – sur la garde de la transition discrète correspondant au pic haut de la variable pour le complexe PER-TIM dans le noyau (C_N) – les conditons $sign(M_P) = -$ et $sign(M_T) = -$ (c.-à-d. que les derniers pic de M_P et M_T sont des pics hauts), et également les conditions $h_{M_P} = 5$ et $h_{M_T} = 5$ (c.-à-d. que le temps pour exécuter la transition est exactement 5 heures après les derniers pics de M_P et M_T).

- 3 heures après les pics hauts de M_P et M_T, il y a les pics hauts de P_t et T_t. Pour cela, nous ajoutons – sur la garde des transitions discrètes correspondant aux pics hauts de P_t et T_t – les conditions $sign(M_P) = -$ et $sign(M_T) = -$ (c.-à-d. que les derniers pic de M_P et M_T sont des pics hauts), et également les conditions $h_{M_P} = 3$ et $h_{M_T} = 3$ (c.-à-d. que le temps pour exécuter la transition est exactement 3 heures après les derniers pics de M_P et M_T).

Ces spécifications sur le modèle permettent d'obtenir automatiquement les contraintes nécessaires pour l'existence d'un tel cycle :

$$
\begin{cases}
\qquad D^-_{M_P} \geq 5 \quad \text{et} \quad D^-_{M_T} \geq 5 & \text{(c1)} \\
\quad D^-_{C_N} \geq d^-_{M_P} - 5 \quad \text{et} \quad D^-_{C_N} \geq d^-_{M_T} - 5 & \text{(c2)} \\
D^+_{M_P} + D^-_{M_P} \geq d^-_{M_T} \quad \text{et} \quad D^+_{M_T} + D^-_{M_T} \geq d^-_{M_P} & \text{(c3)}
\end{cases}
$$

L'étude de ces contraintes donne de nombreuses informations. Premièrement, nous remarquons que les contraintes (c1) sont simples et immédiatement compréhensibles et comme le pic haut de C_N vient 5 heures après le pic haut de M_P et M_T, par conséquent la diminution de M_P et M_T doit être capable de tenir au moins 5 heures. Dans le cas contraire, les pics bas de M_P et M_T viendraient avant le pic haut de C_N. Deuxièmement, les contraintes (c2) combinées avec (c1) montrent qu'après le pic de C_N, la diminution de M_P et M_T doit être capable de tenir moins de temps que la diminution de C_N. Ainsi, pour avoir le cycle circadien, il est nécessaire que les pics bas de M_P et M_T précèdent le pic bas de C_N (voir Fig. 2.9). Finalement, les contraintes les plus intéressantes sont les (c3). Les contraintes (c3) montrent que les périodes de M_P et M_T sont liées, puisque la diminution de M_P a une influence sur la période de M_T et que la diminution de M_T a une influence sur la période de M_P.

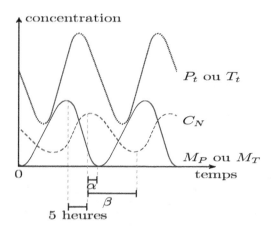

FIGURE 2.9 – Variations de concentration pour le TEM du cycle circadien montré en Fig. 2.8(b) page 25, d'après les contraintes du cycle qualitatif simple (entre autres $\alpha < \beta$).

Maintenant, nous voulons analyser plus précisément le cycle d'intérêt $(+, +, \dots) \to^* (-, -, \dots) \to^* (+, +, \dots)$ avec les hypothèses de [LG98]. Dans ce but, nous indiquons exactement l'ordre d'apparition possible des pics de concentration de M_P et M_T, ce qui donne lieu à 4 cycles (puisque nous avons 4 pics pouvant apparaître dans n'importe quel ordre) et des contraintes différentes selon le cycle. Dans un TEM, chaque cycle représente une variation qualitative (c'est-à-dire une succession de pics) de produits biologiques. Ces cycles et leurs contraintes sont récapitulés dans la Table 2.1 (voir les annexes .1.1 page 91 pour plus de détails). Notons que pour chaque contrainte, il y a une disjonction (voir l'annexe .1.3). Cette disjonction signifie qu'il y a deux régions possibles permettant l'existence des cycles. Nous nous intéressons seulement à la région la moins contrainte car nous faisons l'hypothèse que la région la moins contrainte est aussi la région la plus probable pour la dynamique du système. Dans un premier temps, la Table 2.1 montre que seulement les contraintes (c3) sont différentes et plus fortes (voir les contraintes en rouge dans Table 2.1). Dans un deuxième temps, cette table montre que seulement l'ordre

Numéro	Cycle qualitatif	Contraintes nécessaires
1	$(+,+,\dots) \to^* (+,-,\dots) \to^* (-,-,\dots) \to^* (+,-,\dots) \to^* (+,+,\dots)$	$D_{C_N}^- \geq d_{M_P}^- - 5$ $D_{M_T}^- \geq 5$ $D_{M_T}^- \geq d_{M_P}^-$
2	$(+,+,\dots) \to^* (-,+,\dots) \to^* (-,-,\dots) \to^* (+,-,\dots) \to^* (+,+,\dots)$	$D_{M_P}^+ + D_{M_P}^- \geq d_{M_T}^-$ $D_{M_P}^- \geq 5$ $D_{C_N}^- \geq d_{M_T}^- - 5$
3	$(+,+,\dots) \to^* (+,-,\dots) \to^* (-,-,\dots) \to^* (-,+,\dots) \to^* (+,+,\dots)$	$D_{C_N}^- \geq d_{M_P}^- - 5$ $D_{M_T}^- \geq 5$ $D_{M_T}^+ + D_{M_T}^- \geq d_{M_P}^-$
4	$(+,+,\dots) \to^* (-,+,\dots) \to^* (-,-,\dots) \to^* (-,+,\dots) \to^* (+,+,\dots)$	$D_{M_P}^- \geq d_{M_T}^-$ $D_{M_P}^- \geq 5$ $D_{C_N}^- \geq d_{M_T}^- - 5$

TABLE 2.1 – Contraintes construites automatiquement et leur cycles qualitatifs où $\to^*$ décrit une séquence finie de transitions discrètes et où la première variable est M_P et la seconde variable est M_T (les autres variables ne sont pas spécifiées et peuvent prendre n'importe quelle valeur).

d'apparition des pics bas de M_P et M_T a une conséquence, puisque les cycles (1) et (2) (et respectivement les cycles (3) et (4)) donnent les mêmes contraintes. Si le pic bas de M_P précède le pic bas de M_T, alors le temps de décroissance de M_P doit être capable d'être plus court (ou identique) que le temps de décroissance de M_T (voir la Figure 2.10). De même, si le pic bas de M_T précède le pic bas de M_P alors le temps de décroissance de M_T doit être capable d'être plus court (ou identique) que le temps de décroissance de M_P. Toutes ces contraintes sont vérifiées par les simulations de Goldbeter [LG98].

Vers un aperçu biologique

Les contraintes ci-dessus ont des significations biologiques. Elles nous permettent une vérification automatique des propriétés temporelles données par le modèle, mais montrent aussi, les caractéristiques biologiques qui arrivent dans toutes les simulations. Tout d'abord, toutes les contraintes montrées ci-dessus se concentrent seulement sur les activités de décroissance des entités biologiques. Ainsi, puisque ce sont uniquement elles qui contraignent le comportement du système, de tels paramètres liés aux dégradations ou aux répressions du système, apparaissent comme la pierre angulaire du comportement dynamique circadien. Ces informations pourraient être utiles pour fixer les paramètres cinétiques de modèles continus.

La contrainte (c1) montre que les temps de décroissance les plus long de l'ARNm de per et tim ne doivent pas être plus courts que cinq heures. (c2) indique que le temps le plus long pour dégrader le complexe dans le noyau, plus cinq heures, ne doit pas être plus court que la diminution la plus courte de l'ARNm de per et tim. La combinaison de ces contraintes implique une production d'ARNm de per et tim antérieure à la production du complexe dans le noyau (cf. Figure 2.9). Ce point est évident, mais ne faisait pas partie

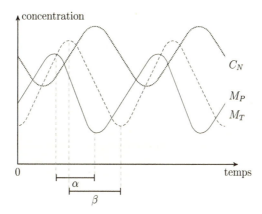

FIGURE 2.10 – Variations de concentration pour le TEM du cycle circadien montré en Fig. 2.8(b), d'après le premier cycle qualitatif de la Table 2.1 (entre autres $\alpha < \beta$).

des paramètres TEM. De là, il montre la précision de notre modèle avec des connaissances biologiques de base.

Le deuxième point concerne la complexation des protéines PER et TIM. Les deux protéines forment un complexe qui réprime les gènes per et tim dans le noyau. Pour des raisons théoriques, TEM n'est pas capable de représenter une telle complexation puisqu'on ne peut représenter dans un IRS que des réactions simples de la forme (v, v') avec v et v' des composants biologiques. Le composé du complexe a donc été construit par deux réactions distinctes. Il est intéressant de voir que l'analyse par TEM détermine la contrainte (c3). Celle-ci se réfère à la période de l'ARNm de per et tim (c'est-à-dire la somme de temps associés à l'augmentation et la diminution). Les périodes de per et tim sont respectivement contraintes par le temps le plus court pour la décroissance de l'ARNm de per et tim. Ces contraintes indiquent clairement l'impact de per et tim l'un par rapport l'autre : les deux gènes et leurs produits sont liés par leur période, malgré le manque d'une complexation concrète dans notre modèle. De plus, ce point souligne que les deux comportements couplés sont dirigés par les deux boucles de rétroaction négatives de C_N.

Chaque cycle qualitatif mentionné dans la Table 2.1 souligne ces contraintes correspondantes. Les cycles (1) et (2) doivent satisfaire une contrainte d'intérêt : le temps de décroissance le plus long de l'ARNm de tim ne doit pas être plus court que la décroissance la plus courte pour l'ARNm de per. De même, les cycles (3) et (4) existent quand le temps de décroissance le plus long de l'ARNm de per n'est pas plus court que la décroissance la plus courte pour l'ARNm de tim. Ces contraintes montrent que les taux de dégradation de l'ARNm de per et tim dirigent la succession qualitative de pics hauts au cours du temps. Pour illustration, quelle que soit la succession de pics hauts des ARNm de per et tim, une dégradation de l'ARNm de tim plus longue qu'une dégradation de l'ARNm de per implique un pic bas de l'ARNm de tim après un pic bas de l'ARNm de per (voir Fig. 2.10). De nouveau, la dégradation apparaît comme un des facteurs clefs pour le contrôle du comportement oscillatoire qualitatif.

2.7 Conclusion

Nous avons présenté dans ce chapitre une sous-classe d'automates hybrides linéaires, nommée modèle d'évolution temporelle (TEM). Dans cette sous-classe, où les automates sont appelés des automates temporisés, les dérivées des horloges de notre modélisation ont une valeur constante égale à 1. Malgré sa simplicité, cette approche est assez précise pour modéliser des systèmes vivants ayant une dynamique oscillatoire. Il prend en compte (i) une description qualitative des signes de dérivés et (ii) des propriétés temporelles quantitatives associées aux productions biologiques. Ces deux informations particulières sont relativement essentielles pour décrire des comportements biologiques dans le temps, comme ceux observés avec des approches expérimentales récentes. En se basant sur notre modélisation hybride, une validation qualitative d'un modèle consiste en la découverte d'une succession de pics qui sont cohérents avec des résultats d'expériences biologiques disponibles. De plus, TEM fournit l'occasion de raisonner automatiquement sur des propriétés temporelles qui sont associées à la succession de pics. Il donne ainsi un raffinement naturel de la validation qualitative en montrant des contraintes nécessaires de délais pour réaliser une transition qualitative spécifique, comme un cycle.

En comparaison d'autres modélisations hybrides sur les systèmes biologiques, TEM a besoin de moins de paramètres pour décrire des comportements qualitatifs. Ces comportements qualitatifs sont représentés en utilisant seulement un système d'interaction qui se concentre sur la variation des signes des dérivées. Cette abstraction implique la perte d'une description quantitative précise (comme celle fournie par des seuils qualitatifs dans les systèmes PLDE), mais elle nous permet de faire de l'analyse paramétrique sur de plus grands systèmes. Par conséquent, la modélisation (et la validation) de réseaux de régulation génétique concrets apparaissent comme une perspective naturelle.

Pour illustrer les possibilités de notre modélisation hybride, nous avons pris le modèle de Leloup et Goldbeter [LG98], ainsi que leurs hypothèses initiales qui leur ont permis de choisir les valeurs de leurs paramètres. Nous montrons ainsi que les résultats obtenus avec la modélisation TEM sont cohérents avec leurs simulations. Il est important de remarquer que ces résultats n'ont pas exigé de paramétrage arbitraire. En outre, ces résultats donnent de nouvelles informations que seulement des analyses paramétriques peuvent apporter et qui sont valables pour n'importe quelles simulations prenant en compte les hypothèses initiales de l'article [LG98]. De plus, ce nouvel outil de modélisation peut facilement être utilisé pour l'étude de réseaux biologiques grâce au logiciel *GUI-TEM* que nous avons développé.

Chapitre 3

Approches pour des modélisations existantes sur les réseaux de régulation génétique

Les premières sections de ce chapitre sont des rappels et des reformulations de la littérature qui sont nécessaires à la compréhension des travaux de cette thèse. Afin de retrouver facilement certaines notions utilisées dans ce chapitre et dans le chapitre suivant, un *memorandum* est mis à disposition dans les annexes .2.1 page 96. Pour illustrer les propos qui vont suivre, nous utilisons comme *fil rouge*, un modèle extrêmement simplifié, représentant la production de *mucus* de la bactérie *Pseudomonas Aeruginosa*.

3.1 *Pseudomonas Aeruginosa*

La bactérie *Pseudomonas Aeruginosa* [GK01, BCRG04] est un pathogène opportuniste, souvent rencontré dans des maladies pulmonaires chroniques comme la mucoviscidose. Le régulateur principal pour la production de *mucus*, AlgU, controle un opéron constitué de 4 gènes dont un code pour une protéine qui est un inhibiteur d'AlgU. De plus AlgU favorise sa propre synthèse. Le réseau de régulation pour la production de *mucus* peut alors être simplifié par un graphe de régulation avec deux noeuds : x représente AlgU et y son inhibiteur [GK01]. x régule positivement y et se régule aussi positivement, tandis que y régule négativement x.

D'un point de vue biologique, il serait crucial de déterminer si le changement de comportement (passant d'un état où le *mucus* n'est pas produit à un autre où il l'est) est surtout dû à un changement des régulations (une mutation) ou surtout dû à un changement d'état. Autrement dit, est-il possible de trouver au moins un modèle de bactéries sauvages, qui soit compatible avec les données biologiques connues et qui ait une multi-stationnarité où un état stable produit régulièrement du *mucus* et l'autre n'en fait pas ?

3.2   Modélisation par équations différentielles par morceaux (PLDE)

La modélisation d'un réseau de régulation génétique avec un système d'équations différentielles linéaires par morceaux (PLDE) fait obligatoirement appel à la connaissance des régulations. En particulier, pour chaque régulation qui peut impliquer plusieurs régulateurs, on doit définir sous quelles conditions de concentration ces régulations sont effectives. Dans ce but, nous présentons les fonctions de pas, les fonctions de régulations, puis l'espace de concentration et les états continus et finalement les fonctions définissant les taux de synthèse.

Définition 5 (Fonctions de pas) *Les fonctions de pas croissantes et décroissantes de seuil θ, notées s_θ^+ et s_θ^-, sont des fonctions réelles sur $\mathbb{R} \setminus \{\theta\}$ définies par :*

$$s_\theta^+(x) = \begin{cases} 1, & si\ x > \theta \\ 0, & si\ x < \theta \end{cases} \tag{3.1}$$

$$s_\theta^-(x) = 1 - s_\theta^+(x) \tag{3.2}$$

Définition 6 (Fonctions de régulation) *Une fonction $r : (\mathbb{R}^+)^n \to \{0,1\}$ est appelée* fonction de régulation *si elle est une combinaison de fonctions de pas :*

$$< r > ::= s_\theta^+ | s_\theta^- | 1 - < r > \ | \ < r > \times < r > \tag{3.3}$$

Intuitivement, une fonction de régulation r donne les conditions en termes de concentrations nécessaires pour que la régulation soit effective. Par exemple, si $r = s_{\theta_1}^+(x_1) \times s_{\theta_3}^-(x_3)$, la régulation a lieu quand x_1 est plus grand que θ_1 et que x_3 est plus petit que θ_3.

Définition 7 (Espace de concentration et états continus)
  – *Un espace de concentration de dimension n est défini par $\mathcal{O} = (\mathbb{R}^+)^n$.*
  – *Un état continu x est un point dans l'espace de concentration $\mathcal{O}$. De plus, il est noté comme un vecteur : $x = (x_1, \ldots, x_n)$.*

Notons que nous considérons uniquement les systèmes PLDE pour des variables réelles positives. Ceci est naturel dans notre contexte puisque les systèmes PLDE représentent l'évolution de concentrations (positives) de produits de gènes.

Nous pouvons maintenant définir les fonctions décrivant le taux de synthèse de chaque protéine du système.

Définition 8 (Taux de synthèse) *La fonction g_i représentant le taux de synthèse de la protéine i est définie comme suit :*

$$g_i(x) = k_i + \sum_{j \in \mathcal{R}(i)} k_{ij} r_{ij}(x) \tag{3.4}$$

où
  – *x est un état continu,*
  – *$k_i \in \mathbb{R}^+$ et $k_{ij} \in \mathbb{R}^{+*}$ sont des paramètres cinétiques,*

- *Les fonctions r_{ij} sont les fonctions de régulation de toutes les variables $x_1, x_2, \ldots, x_n$ (i étant l'indice de la variable et j l'indice de la régulation, voir Définition 6) et,*
- *$\mathcal{R}(i)$ est l'ensemble des indices j possibles des r_{ij} tels que r_{ij} est une fonction de régulation de i.*

L'ensemble $\mathcal{R}(i)$ représente l'ensemble des actions possibles sur la variable i. Par exemple, si i est controlée par un activateur isolé k et par une activation qui a lieu seulement quand x_l est plus grand que θ_l et que x_m est plus petit que θ_m, alors $\mathcal{R}(i)$ contient seulement deux éléments $\mathcal{R}(i) = \{1, 2\}$ et $g_i(x) = k_i + k_{i1}s^+_{\theta_k}(x_k) + k_{i2}s^+_{\theta_l}(x_l)s^-_{\theta_m}(x_m)$. Le premier terme k_i représente le taux de synthèse lorsque ni l'activation par k ni l'activation complexe n'ont lieu. Le terme $k_{i1}s^+_{\theta_k}(x_k)$ représente la contribution de la régulation isolée au taux de synthèse quand celle-ci est active. Il en va de même pour la régulation complexe avec le terme $k_{i2}s^+_{\theta_l}(x_l)s^-_{\theta_m}(x_m)$.

Nous pouvons maintenant définir le système d'équations différentielles par morceaux.

Définition 9 (PLDE) *Un système d'équations différentielles par morceaux (PLDE) sur un ensemble fini de variables réelles $X = \{x_1, x_2, \ldots x_n\}$ est défini par :*

$$\dot{x}_i = g_i(x) - \gamma_i x_i \quad avec \quad 0 \leq x_i \quad et \quad 1 \leq i \leq n \tag{3.5}$$

où chaque g_i est une fonction représentant le taux de synthèse (Cf. définition 8) de la variable x_i.

L'équation (3.5) définit la variation de concentration x_i de la protéine i comme la différence entre son taux de synthèse $g_i(x)$ et son taux de dégradation $\gamma_i x_i$.

Exemple de référence : D'après [RCB06], le système PLDE modélisant la production de *mucus* par *Pseudomonas Aeruginosa* est donné par :

$$\begin{cases} \dot{x} &= k_x + k_{xy} \times s^-_{\theta^1_y}(y) + k_{xx} \times s^+_{\theta^2_x}(x) - \gamma_x \times x \\ \dot{y} &= k_{yx} \times s^+_{\theta^1_x}(x) - \gamma_y \times y \end{cases} \tag{3.6}$$

Ici, il y a seulement 3 régulations simples : y inhibe x quand la concentration de y est au-dessus de θ^1_y, x s'auto-active quand sa concentration est plus grande que θ^2_x, et active y quand sa concentration est plus grande que θ^1_x. Puisqu'il n'y a pas de régulation complexe, pour une meilleure lisibilité des notations, les régulations sont notées par l'unique acteur de la régulation au lieu du numéro de la régulation.

La dynamique d'un système PLDE est intrinsèquement liée aux paramètres cinétiques. Dans le reste de cette thèse, les paramètres cinétiques sont indexés par un *ensemble de ressources*. Intuitivement, l'ensemble de ressources pour un état continu donné est l'ensemble des régulations qui sont effectives dans cet état continu.

Définition 10 (Ressources) *L'ensemble des ressources d'une variable i dans un état continu x, noté $\Omega_i(x)$, est l'ensemble fini $\Omega_i(x) = \{j \mid r_{ij}(x) = 1\}$.*

Pour notre exemple de référence, si nous considérons l'état continu (x_0, y_0) où x_0 et y_0 sont telles que $\theta^1_x \leq x_0 < \theta^2_x$ et $y_0 < \theta^1_y$, l'ensemble des ressources $\Omega_x(x_0, y_0)$ est $\{y\}$ (la régulation $x \to x$ n'est pas effective : $s^+_{\theta^2_x}(x_0) = 0$, la régulation $y \to x$ est effective :

$s^-_{\theta^1_y}(y_0) = 1)$ et l'ensemble des ressources $\Omega_y(x_0, y_0)$ est $\{x\}$ puisque la régulation $x \to y$ est effective : $s^+_{\theta^1_x}(x_0) = 1$.

À partir de l'exemple précédent, on peut voir que les ressources ne changent pas du moment que des contraintes spécifiques sont satisfaites. Cette remarque nous amène à définir le partitionnement de l'espace de concentration en domaines qui sont basés sur l'ordonnancement des seuils. En supposant que les seuils d'interactions sont constants au cours du temps, c'est seulement l'ordonnancement des seuils pour une variable i sur ses différentes cibles d'après leur valeur qui est significatif pour les ressources. Ceci mène à la définition suivante :

Définition 11 (Ordonnancement de seuils) *Soient i une variable du système, et $\theta^1_i, \ldots, \theta^{b_i}_i$ l'ensemble des seuils d'interactions classés en ordre croissant pour les actions de i sur ses cibles. b_i est le nombre de seuils différents pour une variables i. Le nombre associé à n'importe quel seuil égal à θ^j_i est l'entier j.*

Le principe du partitionnement est simple : nous réunissons dans un même domaine tous les états continus pour lesquels chacune des coordonnées est dans le même intervalle de seuils. Nous illustrons un partitionnement en domaines par la Figure 3.1.

Définition 12 (Domaine) *Un domaine d est une région hyper-rectangulaire $d = H_1 \times \cdots \times H_n \subseteq \mathcal{O}$ telle que $\forall i \in \{1, \ldots, n\}$, H_i satisfait une des équations suivantes :*

$$
\begin{aligned}
H_i &= \{x_i \mid 0 \le x_i < \theta^1_i\}, \\
H_i &= \{x_i \mid \theta^j_i \le x_i < \theta^{j+1}_i\} \ ou \\
H_i &= \{x_i \mid x_i \ge \theta^{b_i}_i\}.
\end{aligned}
$$

où b_i est le nombre de seuils différents pour une variable i.

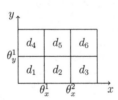

FIGURE 3.1 – Partitionnement de l'espace de concentration en domaines pour le système PLDE modélisant la production de *mucus* par *Pseudomonas Aeruginosa*.

Le comportement du système par équations différentielles linéaires par morceaux est donné par l'ensemble des *trajectoires* possibles dans le système PLDE.

Notation 1 (Trajectoire) *Nous appelons la trajectoire du système PLDE commençant dans un état continu x, l'ensemble des points atteints dans le système PLDE à partir de ce point initial x.*

Nous remarquons que chaque fois qu'une trajectoire du système PLDE croise un seuil, alors la trajectoire entre dans un autre domaine et il y existe alors une transition d'un domaine vers un autre[1]. De plus, puisque tous les états continus du même domaine sont identiquement placés vis-à-vis des seuils, ils ont donc tous le même ensemble de ressources, ce qui nous amène à la définition suivante.

Définition 13 (Ressources d'un domaine) *L'ensemble des resources d'une variable* i *dans un domaine* d, *noté* $\omega_i(d)$ *est l'ensemble des ressources d'une variable* i *(voir Def. 10) en tout point* x *de* d *:* $\omega_i(d) = \{j \mid \forall x \in d, r_{ij}(x) = 1\}$.

Remarquons que d'après la Définition 10 page 33, $\forall x \in d$, $\Omega_i(x) = \omega_i(d)$.

Pour simuler un système PLDE, les valeurs des paramètres cinétiques (k_i et k_{ij} dans l'équation (3.4) page 32) doivent être données. Malheureusement, ces paramètres ne sont pas faciles à évaluer *in vivo*, et les valeurs obtenues *in vitro* ne sont pas toujours transposables pour le système *in vivo*. L'estimation de paramètres devient par conséquent la pierre angulaire du processus de modélisation.

3.3   Modélisation discrète de R. Thomas

Pour dépasser ces difficultés d'estimation de paramètres, R. Thomas a d'abord présenté un cadre de travail booléen [Tho73] puis un formalisme discret [Tho91] dont la cohérence avec la modélisation PLDE a été prouvée [Sno89]. Dans cette section, nous présentons d'abord le discrétisation de l'espace de concentration, puis nous présentons les paramètres de cette modélisation qui jouent le rôle de paramètres cinétiques, et finalement, nous présentons le comportement dynamique obtenu dans cette modélisation discrète.

3.3.1   Graphe de régulation et discrétisation

D'un point de vue qualitatif, à un point particulier de l'espace des concentrations, la dynamique est controlée seulement par l'ensemble des régulations qui sont effectives et pour qu'une régulation soit effective, son r_{ij} (cf. définition 6) doit être égal à 1. En effet, le taux de synthèse de chaque variable x_i dépend des régulations qui sont effectives à l'état courant.

Le formalisme discret de René Thomas fait une autre hypothèse sur les régulations : chaque régulation r_{ij} est une fonction de pas $s_\theta^+(x_k)$ ou $s_\theta^-(x_k)$ d'une variable particulière k. La régulation r_{ij} peut alors être renommée r_{ik}. Cette supposition limite évidemment la puissance d'expression du formalisme puisque chaque régulation prend seulement une unique variable en considération, d'une façon extrêmement simple : la régulation $k \to i$ est effective si et seulement si la concentration x_k est plus grande que le seuil de l'action de k sur i. Ainsi, une ressource d'une variable est simplement une autre variable[2].

---

1. d'un point de vue mathématique, le système PLDE n'est pas défini sur le seuil. Pour définir des trajectoires traversant un seuil, il devient obligatoire de transformer un PLDE en termes d'inclusions différentielles [Fil88, DGH$^+$04], qui mènent à des développements techniques qui ne sont pas le but de cette thèse.

2. Dans cette thèse, cette hypothèse est relachée, car dans notre cadre de travail la puissance d'expression est identique à celle donnée par la Définition 6 page 32.

Définition 14 (Graphe de régulation) *Un* Graphe de Régulation $\mathcal{G} = (V, E)$, *appelé également* RG, *est un graphe orienté étiqueté tel que :*
- *chaque sommet v de V est appelé une variable de $\mathcal{G}$,*
- *chaque arête (u, v) de E est étiquetée par un couple (θ, ε). θ est une valeur réelle positive qui est appelée le seuil de l'arête. ε appartient à l'ensemble $\{+, -\}$ et est appelé signe de l'arête. Lorsque $\varepsilon = +$, l'arête est une activation, et sinon, elle est une inhibition.*

Exemple courant :   D'après [RCB06], le RG modélisant la production de *mucus* par *Pseudomonas Aeruginosa* est donnée à la Figure 3.2.

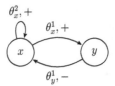

FIGURE 3.2 – Le graphe de régulation modélisant la production de *mucus* dans *Pseudomonas Aeruginosa*.

La discrétisation de l'espace de concentration est un simple partitionnement en domaine du système PLDE (voir Définition 12).

Définition 15 (Discrétisation et états discrets)
- *Soit $(x_1, \ldots, x_n)$ un état continu dans l'espace de concentration. La fonction de discrétisation l est une application de $(\mathbb{R}^+)^n$ dans $\mathbb{N}^n$ définie par :*

$$l(x_1, \ldots, x_n) = (l_1(x_1), \ldots, l_n(x_n)) \tag{3.7}$$

où l'entier $l_i(x_i)$, est appelé le niveau d'expression de x_i, défini par :

$$l_i(x_i) = \begin{cases} 0, & \text{if } x_i < \theta_i^1 \\ j, & \text{if } \theta_i^j \leq x_i < \theta_i^{j+1} \\ b_i & \text{if } x_i \geq \theta_i^{b_i} \end{cases} \tag{3.8}$$

où $\{\theta_i^j\}$ sont des seuils ordonnés pour la variable i et b_i est le nombre de seuils différents de i.
- *Soit $\mathcal{G}$ un RG. Un état discret de $\mathcal{G}$ est une fonction $l : V \to \mathbb{N}$ telle que pour toute variable v, $l(v) \in [0, b_v]$. L'entier $l(v)$ est appelé le niveau d'expression de v.*

Nous remarquons que les domaines (voir Définition 12) sont les classes d'équivalence des états continus pour la relation d'équivalence $\equiv$ définie par $x \equiv y \Leftrightarrow l(x) = l(y)$.

3.3.2 Paramétrage et système de transitions

À chaque domaine est associé un ensemble de ressources (Définition 13 page 35) qui donne l'évolution du système dans le domaine. De plus, chaque ensemble de ressources est associé à un paramètre discret qui permet de contrôler l'évolution du système. Fixer les paramètres d'un modèle discret est suffisant pour déterminer les évolutions dans le modèle discret. La définition des paramètres discrets utilise la relation de prédécesseur suivante :

Notation 2 (Prédécesseur) *Étant donné un graphe de régulation* $\mathcal{G} = (V, E)$ *et un nœud* $v \in V$, *nous notons* $G^{-1}(v) = \{u \in V \mid (u, v) \in E\}$, *l'ensemble des* prédécesseurs *de* v *dans* G.

Définition 16 (Réseau de régulation) *Un* réseau de régulation, *ou* RN *en abrégé, est un* n-uplet $\mathcal{N} = (V, E, K)$ *où :*

- $\mathcal{G} = (V, E)$ *est un graphe de régulation (voir la Définition 14)*
- $K = \{K_{v,\omega}\}_{v \in V, \omega \subset G^{-1}(v)}$ *est une famille d'entiers telle que* $\forall v \in V, \omega \subset G^{-1}(v)$ $\quad 0 \leq K_{v,\omega} \leq b_v$. *La famille* K *est appelée l'ensemble des paramètres de* $\mathcal{N}$.

Si l'état discret courant est l, alors la valeur du paramètre $K_{i,\omega_i(l)}$ donne la direction de l'évolution de la variable i pour tout état continu $(x_i)_{i \in [1,n]}$ du domaine associé à l :

- si $K_{i,\omega_i(l)} > l(i)$, la variable i va augmenter ;
- si $K_{i,\omega_i(l)} < l(i)$, la variable i va diminuer ;
- si $K_{i,\omega_i(l)} = l(i)$, les variations de concentration de i ne vont pas permettre le passage d'un seuil permettant le changement de niveau de concentration $l(i)$.

Puisque $(K_{i,\omega_i(l)})_i$ donne la direction de l'évolution dans le domaine associé à l, il est appelé le *point focal qualitatif* du domaine associé à l et aussi le point focal de l.

Définition 17 (Système de transitions) *La dynamique d'un* RN (V, E, K) *contenant* n *variables est donnée par le* système de transitions *défini par :*

- *Un ensemble de sommets qui sont les états discrets du système,*
- *Un ensemble de transitions tel qu'il existe une transition d'un état discret d vers un état discret d' (notée $d \to d'$) si*
  - $\exists i \in [1, n]$ *tel que* $\begin{cases} d'_i = d_i + 1 & et \quad K_{i,\omega_i(d)} > d_i \\ d'_i = d_i - 1 & et \quad K_{i,\omega_i(d)} < d_i \end{cases}$
  - $\forall j \neq i, d'_j = d_j$.

Comme le montre la définition du système de transitions, l'existence d'une transition entre deux états discrets est conditionnée par le paramétrage du modèle mais également par une relation topologique entre les états discrets que nous appelons la relation de voisinage.

Définition 18 (Voisinage) *Étant donné deux états,* $d = (d_1, d_2, \ldots, d_n)$ *et* $d' = (d'_1, d'_2, \ldots, d'_n)$, d *et* d' *sont voisins (noté* $d \leftrightarrow d'$) *si et seulement si* $|d - d'| = \sum_{j \in [1,n]} |d_j - d'_j| = 1$.

Notons que l'ensemble des paramètres est fini. Puisque chaque paramètre peut donner lieu à un nombre fini de valeurs, il est clair que l'ensemble des paramétrages possibles est fini. L'ensemble des dynamiques possibles est donc également fini.

De façon similaire aux systèmes PLDE, le comportement d'un RN est donné par l'ensemble des chemins dans le système de transitions associé à ce RN.

Notation 3 (Chemin) *Le chemin d'un système de transitions donnant la dynamique d'un RN à partir d'un état discret d, est une suite d'états discrets $(d_0, d_1, \ldots, d_l)$ telle que $d_0 = d$ et pour tout $i \in [1, l]$, (d_{i-1}, d_i) est une transition dans le système de transitions du RN. De plus, nous notons $d \to^* d'$ le chemin partant de d et allant en d'.*

Exemple courant : Pour l'exemple de *Pseudomonas aeruginosa*, nous considérons un modèle particulier cohérent avec le système PLDE (équation (3.6) page 33), voir la Figure 3.3, qui ne présente pas toutes les caractéristiques attendues de la spécification car ce modèle ne présente pas de multi-stationnarité. Dans ce modèle, la production de *mucus* par la bactérie a lieu quand la concentration de la variable x est égale à 2 (voir [GK01]).

x	y	Paramètres discrets			
0	0	$K_{x,\{y\}}$	= 2	$K_{y,\emptyset}$	= 0
0	1	$K_{x,\emptyset}$	= 0	$K_{y,\emptyset}$	= 0
1	0	$K_{x,\{y\}}$	= 2	$K_{y,\{x\}}$	= 1
1	1	$K_{x,\emptyset}$	= 0	$K_{y,\{x\}}$	= 1
2	0	$K_{x,\{x,y\}}$	= 2	$K_{y,\{x\}}$	= 1
2	1	$K_{x,\{x\}}$	= 2	$K_{y,\{x\}}$	= 1

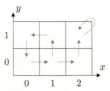

FIGURE 3.3 – Le paramétrage des paramètres discrets K produisant le modèle discret, dont le système de transitions contient un cycle $(0,0) \to (1,0) \to (1,1) \to (0,1) \to (0,0)$ et un chemin de $(1,1)$ à $(2,1)$.

3.4   Relation entre le formalisme de R. Thomas et la modélisation par PLDE

3.4.1   Point focal

Dans le cadre de la modélisation discrète, à chaque domaine d est associé un point focal qualitatif $(K_{i,\omega_i(d)})_i$ à partir duquel nous obtenons la tendance d'évolution des concentrations (voir Fig. 3.4).

FIGURE 3.4 – Évolution de la concentration de i. Ici, f_i et f_i' sont les i^e coordonnées du point focal des domaines respectifs s et s'. f_i est dans s'' et f_i' dans s'. À partir de s, les trajectoires traversent le premier seuil séparant s de s', mais elles ne traversent pas le second seuil, puisque f_i' est dans le domaine s'.

Dans le cadre de la modélisation continue, pour chaque domaine d, toutes les trajectoires qui sont contrôlées par le système PLDE vont, de façon monotone, vers le point focal qui peut ne jamais être atteint : si le point focal appartient au domaine d, un temps infini est nécessaire pour l'atteindre, et s'il n'appartient pas au domaine d, les trajectoires sortent du domaine et sont ensuite contrôlées par un autre système différentiel linéaire. Les coordonnées de ce point focal $c = (c_i)_{i \in [1,n]}$ associées au domaine d sont données par l'expression analytique du point fixe du système par équations différentielles par morceaux (obtenues à partir de (3.4) page 32 et en annulant $\dot{x}_i$ dans (3.5) page 33) :

$$c_i = \left(k_i + \sum_{j \in \omega_i(d)} k_{ij} \right) / \gamma_i \qquad (3.9)$$

Notons que, puisque les paramètres cinétiques k_i et k_{ij} sont positifs, c_i ne peut pas être négatif. Par conséquent, puisque les trajectoires depuis un domaine particulier sont monotones sur chaque axe, les contraintes $(x_i > 0)$ sont toujours satisfaites lorsqu'on considère un point initial ayant des coordonnées positives. Nous pouvons également noter que cette expression fait aussi référence à l'ensemble des ressources en n'importe quel point $(x_1, \ldots, x_n)$ du domaine d. Par conséquent, il y a un lien très fort entre le modèle discret et le système PLDE si la discrétisation de chaque point focal du système PLDE est égale aux points focaux qualitatifs. Ceci est résumé par la définition suivante :

Définition 19 (Abstraction d'un système PLDE) *Le modèle discret avec les para-mètres* $\{K_{i,\omega}\}$ *abstrait le système PLDE si, pour chaque domaine d et pour chaque variable i, nous avons :*

$$K_{i,\omega_i(d)} = l_i \left(\left(k_i + \sum_{j \in \omega_i(d)} k_{ij} \right) / \gamma_i \right) \qquad (3.10)$$

La Définition 19 dit simplement que les coordonnées d'un point focal qualitatif, qui sont les paramètres du modèle discret, sont obtenues par discrétisation du point focal dans le modèle continu. De plus, si $f = (f_1, \ldots, f_n)$ est le point focal qualitatif du domaine d, alors f_i est le paramètre discret $K_{i,\omega_i(d)}$.

3.4.2   Trajectoires déterministes et chemins indéterministes

Un système PLDE étant un système déterministe : à partir d'un état continu initial, il existe seulement une trajectoire. Toutefois, le système par équations différentielles linéaires par morceaux n'est pas défini sur les seuils. Si nous considérons le système d'*inclusions différentielles* associé [Fil88, DGH+04], alors les trajectoires sur les seuils ne sont pas nécessairement déterministes.

Contrairement au modèle continu, puisque tout état discret peut avoir plusieurs successeurs, il existe plusieurs chemins à partir d'un état discret. Par conséquent, le système n'est pas déterministe, de ce point de vue.

Lorsque le modèle discret abstrait le système PLDE, la cohérence entre les deux modélisations est reflétée par les évolutions dans les deux modèles : pour toute trajectoire d'un système PLDE, il existe un chemin dans le système de transitions du RN passant à travers les états discrets qui sont associés aux domaines traversés par la trajectoire. Malheureusement, l'inverse n'est pas vrai : pour un chemin dans le système de transitions du RN, il n'existe pas nécessairement de trajectoire du système PLDE qui va à travers les mêmes domaines associés [Sno89, DGH+04].

3.5   Recherche de dynamiques qualitatives par contraintes

Dans [RCB06], les auteurs montrent que la modélisation de R. Thomas [Tho91] peut être exploitée par l'utilisation du model-checking qui permet de vérifier si un modèle satisfait une propriété exprimant une connaissance biologique particulière. Dans la modélisation de R. Thomas, la dynamique du système se construit à partir des paramètres du modèle. Une première approche dans [RCB06] consiste donc à énumérer tous les paramétrages possibles du modèle et à choisir ceux qui donnent des dynamiques satisfaisant les propriétés biologiques d'intérêt.

Les approches par contraintes [FRS08] sont très utilisées pour l'analyse des systèmes biologiques [FR08, RBFS08]. De plus, l'utilisation d'une approche de programmation par contraintes [Fag96, FA03, Apt03, CBH⁺07] permet d'éviter l'étape d'énumération, en produisant des contraintes sur les paramètres qui spécifient que les dynamiques du modèle respectent bien les propriétés souhaitées comme nous le montrons dans l'article [FCLR07]. Par conséquent, la programmation par contraintes semble être une approche prometteuse pour minimiser le temps de calcul nécessaire à la recherche des paramétrages du modèle qui sont cohérents avec les observations biologiques. Le but de cette section est de concevoir et d'appliquer une approche combinée (formules de logique temporelle et programmation par contraintes) permettant de choisir les paramétrages d'un modèle discret qui mènent à des dynamiques cohérentes avec les spécifications biologiques. Pour cela, nous avons besoin de définir le système de transitions contraint :

Définition 20 (Système de transitions contraint) *Le système de transitions contraint d'un* RN *est défini par :*
- *L'ensemble des états discrets du* RN,
- *L'ensemble des relations de voisinage entre les états discrets du* RN.
- *Var, un ensemble de variables discrètes tel que $K \subseteq Var$ est l'ensemble des paramètres discrets du* RN.
- *Const, un ensemble de contraintes sur les variables appartenant à Var.*

Notons que, par définition, un système de transitions contraint représente un ensemble de systèmes de transitions puisque les paramétrages satisfaisant les contraintes peuvent être multiples et que deux paramétrages différents peuvent représenter deux systèmes de transitions différents.

3.5.1   Contraintes globales

Les contraintes énumérées ci-dessous sont les contraintes élémentaires et globales qui peuvent être affectées à un modèle. Il est possible de ne pas les exploiter (sauf en ce qui concerne les contraintes de domaine) si elles ne correspondent pas à une réalité biologique. Les premières de ces contraintes sont les *contraintes de domaine.*

Contrainte globale 1 (Contraintes de Domaine) *Par définition, les paramètres discrets de la variable i sont dans l'intervalle $[0, b_i]$.*

Les secondes contraintes sont les *contraintes de Snoussi* [Sno89] qui sont également appelées contraintes de monotonie. Ces contraintes signifient que l'ajout de ressources supplémentaires ne peut pas faire diminuer le niveau de concentration vers lequel une variable est attirée. Cette propriété peut souvent être déduite de la connaissance biologique et, lorsqu'elle est utilisée, le nombre de modèles validant les spécifications en est grandement diminué. En mettant en place cette propriété, nous formons un treillis pour chaque ensemble de paramètres discret d'une variable donnée. Ainsi les contraintes de Snoussi peuvent être définies de la manière suivante :

Contrainte globale 2 (Contraintes de Snoussi) $K_{u,w} \leq K_{u,w'}$ *pour toute variable u et tout ensemble de ressources w et w' tel que* $w \subseteq w'$.

Exemple courant : Dans la figure 3.5, nous représentons les deux ensembles d'inégalités données par les contraintes de Snoussi pour les paramètres discrets : un (à gauche) pour les paramètres de la variable x et un second (à droite) pour les paramètres de la variable y.
  – $K_{x,\emptyset} \leq K_{x,\{x\}} \leq K_{x,\{x,y\}}$,
  – $K_{x,\emptyset} \leq K_{x,\{y\}} \leq K_{x,\{x,y\}}$.
De la même manière : $K_{y,} \leq K_{y,\{x\}}$.

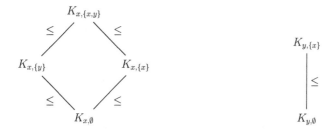

FIGURE 3.5 – Les deux ensembles de contraintes de Snoussi pour l'exemple courant.

La dernière contrainte globale se traduit par les *contraintes de non-redondance*. Dans un système de transitions contraint, l'ensemble des systèmes de transitions associés peut être un ensemble redondant car deux paramétrages différents peuvent donner lieu à un même système de transitions. L'application des contraintes de non-redondance sur un système de transitions contraint rend l'ensemble des systèmes de transitions associé non-redondant. Pour éviter cette redondance inutile, il suffit pour chaque état discret de contraindre ses paramètres discrets afin que son point focal qualitatif puisse correspondre uniquement à l'état discret ou bien à un état discret voisin. Néanmoins, cette remarque ne tient pas compte du fait que deux états discrets puissent avoir des paramètres discrets en commun. La définition non-naïve de la contrainte est donc : pour chaque ensemble d'états discrets ayant un paramètre discret en commun, il faut contraindre ce paramètre discret afin que la composante focale commune soit uniquement dans un état discret de l'ensemble ou dans un de leurs états discrets voisins. Cette propriété est définie comme suit :

Contrainte globale 3 (Contrainte de non-redondance) *Pour tout paramètre discret* $K_{i,w}$, *nous avons la contrainte* $Min_{K_{i,w}} - 1 \leq K_{i,w} \leq Max_{K_{i,w}} + 1$ *avec :*

- $Min_{K_{i,w}}$ le plus petit niveau de concentration de la variable i lorsqu'on se trouve dans un état ayant $K_{i,w}$ comme paramètre discret.
- $Max_{K_{i,w}}$ le plus grand niveau de concentration de la variable i lorsqu'on se trouve dans un état ayant $K_{i,w}$ comme paramètre discret.

La valeur de chaque paramètre $K_{i,w}$ se retrouve donc dans l'intervalle $[Min_{K_{i,w}} - 1; Max_{K_{i,w}} + 1]$. Pour avoir le véritable intervalle du paramètre $K_{i,w}$, il suffit donc de prendre l'intersection entre l'intervalle donné par les contraintes de domaine et celui donné par les contraintes de non-redondance. Le Tableau 3.1 donne les intervalles produits pour l'exemple courant par les contraintes de domaine, de non-redondance et l'accumulation des deux types de contrainte.

paramètre discret	intervalle		
	domaine	non-redondance	intersection
$K_{x,\emptyset}$	$[0;2]$	$[-1;2]$	$[0;2]$
$K_{x,x}$	$[0;2]$	$[1;3]$	$[1;2]$
$K_{x,y}$	$[0;2]$	$[-1;2]$	$[0;2]$
$K_{x,xy}$	$[0;2]$	$[1;3]$	$[1;2]$
$K_{y,\emptyset}$	$[0;1]$	$[-1;2]$	$[0;1]$
$K_{y,x}$	$[0;1]$	$[-1;2]$	$[0;1]$

TABLE 3.1 – Les intervalles de valeurs pour les paramètres discrets selon les contraintes de domaine, de non-redondance et avec le cumul des deux. Notons que la contrainte de non-redondance permet ainsi de réduire l'intervalle des paramètres discrets $K_{x,x}$ et $K_{x,xy}$.

3.5.2   Spécifications et logique temporelle CTL

Les propriétés dynamiques d'un système peuvent être souvent traduites en logique temporelle [Eme90, HR00]. L'utilisation de ces logiques temporelles permet de vérifier des systèmes dont le comportement est décrit par une structure de Kripke. En utilisant la logique temporelle CTL (Computational Tree Logic), il est possible d'exprimer des informations biologiques sur le comportement du système [Ric06, Bat06]. Parmi les logiques temporelles comme LTL (Linear Temporal Logic), la logique temporelle CTL semble particulièrment bien adaptée à la description de comportements biologiques puisqu'elle permet une description en arborescence. Ainsi, il est possible de tenir compte des potentialités de bifurcations dans les dynamiques des systèmes étudiés.

En reprenant notre exemple courant, nous savons que la bactérie sauvage *Pseudomonas Aeruginosa* n'arrête plus sa production de mucus une fois qu'elle a commencé à en produire. La production de ce mucus correspond aux états discrets où $x = 2$. Ce phénomène de stabilité sous la forme d'une spécification CTL s'exprime par la formule : $(x = 2) \Rightarrow AG(x = 2)$.

Les logiques temporelles sont définies sur un ensemble de propositions atomiques qui peuvent être combinées en faisant appel à un certain nombre de connecteurs logiques. Plus spécifiquement, une formule CTL peut être vue sous la forme d'un arbre de sous-formules. Pour CTL, nous avons les connecteurs booléens classiques ($\wedge$, $\vee$, $\neg$, $\Rightarrow$ et $\Leftrightarrow$) ainsi que des opérateurs spécifiques. Ces opérateurs spécifiques se décomposent en deux composantes, chaque composante étant représentée syntaxiquement par une lettre. La première lettre est la partie quantitative de la formule. Elle peut prendre la valeur E ou A. La seconde lettre est la partie temporelle de la formule, elle peut prendre la valeur X, F, G ou encore U. Avant de définir formellement les opérateurs de CTL nous en donnons ci-dessous l'interprétation intuitive dans un système comprenant des états qui peuvent être étiquetés et une relation successeur entre ces états. Un état discret d valide une formule de logique temporelle ρ si et seulement si

- $\rho = vp$ et d est étiqueté par vp.
- $\rho = EX\phi$: il existe un successeur de d validant ϕ.
- $\rho = EF\phi$: il existe un chemin partant de d tel qu'il est possible d'atteindre un état discret validant ϕ.
- $\rho = EG\phi$: il existe un chemin infini partant de d tel qu'à partir de l'état courant, tous les états discrets du chemin valident ϕ.
- $\rho = E[\psi U\phi]$: il existe un chemin partant de d et ne passant que par des états discrets validant ψ jusqu'à atteindre un état validant ϕ.
- $\rho = AX\phi$: tous les successeurs de d sur tous les chemins valident ϕ.
- $\rho = AF\phi$: tous les chemins partant de d permettent d'atteindre un état discret validant ϕ.
- $\rho = AG\phi$: tous les chemins partant de d sont infinis et ne contiennent que des états discrets validant ϕ.
- $\rho = A[\psi U\phi]$: tous les chemins partant de d passent par des états discrets validant ψ jusqu'à atteindre un état discret validant ϕ.

Pour mieux appréhender ces formules, nous présentons dans le Tableau 3.2 un récapitulitif pouvant servir d'aide-mémoire et une illustration des formule CTL en Figure 3.6.

Quantitatif		Temporel	
E	Il existe un chemin tel que (Exist)	X	Successeur (neXt)
A	Pour tout chemin (All)	F	Un jour (Future)
		G	Toujours dans le futur (Globally)
		U	Jusqu'à (Until)

TABLE 3.2 – Tableau récapitulatif pour les opérateurs spécifiques à CTL.

CTL peut se définir formellement par une syntaxe et une sémantique. Nous donnons la syntaxe de façon inductive (forme de Backus-Naur) où ϕ est une formule CTL.

Définition 21 (Syntaxe CTL) $\phi ::= \top \mid \bot \mid p \mid (\neg\phi) \mid (\phi \wedge \psi) \mid (\phi \vee \psi) \mid (\phi \Rightarrow \psi) \mid (\phi \Leftrightarrow \psi) \mid AX\phi \mid EX\phi \mid A[\phi U\psi] \mid E[\phi U\psi] \mid AG\phi \mid EG\phi \mid AF\phi \mid EF\phi$, *où p est une proposition atomique, $\top$ une tautologie et $\bot$ une antilogie.*

Nous ne considérons par la suite que les formules contenant les connecteurs CTL et les opérateurs temporels : $\neg$, $\wedge$, EX, EU et AU. Notons que n'importe quelle formule CTL peut être transformée en une formule CTL sémantiquement équivalente qui utilise uniquement ces connecteurs grâce à des relations d'équivalence [HR00]. Nous passons maintenant à la description formelle de la sémantique CTL :

Définition 22 (Sémantique CTL) *L'ensemble des propositions atomiques qui dépend du système de transitions est noté AP. Le sous-ensemble de AP qui est vrai dans un état discret d, est donné par la fonction d'étiquetage $\mathcal{L}(d)$. Soit d_i un état. La sémantique d'une formule CTL est définie inductivement par :*

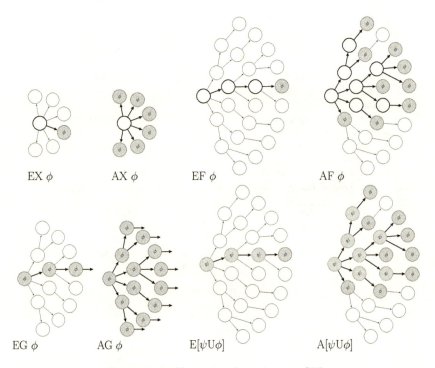

FigURE 3.6 – Illustration des opérateurs CTL.

- $d_0 \models \top$,
- $\forall p \in AP$, $d_0 \models p$ *ssi* $p \in \mathcal{L}(d_0)$,
- $d_0 \models \neg\phi$ *ssi* $d_0 \not\models \phi$,
- $d_0 \models \phi_1 \wedge \phi_2$ *ssi* $d_0 \models \phi_1$ *et* $d_0 \models \phi_2$,
- $d_0 \models EX(\phi)$ *ssi pour un* d_1 *particulier tel que* $d_0 \to d_1$, *nous avons* $d_1 \models \phi$,
- $d_0 \models E[\phi_1 U \phi_2]$ *ssi il existe un chemin particulier* $d_0 \to d_1 \to \cdots \to d_j \to \dots$ *avec* $d_j \models \phi_2$ *et avec* $d_i \models \phi_1$ *pour chaque* i *tel que* $i < j$.
- $d_0 \models A[\phi_1 U \phi_2]$ *ssi pour tout chemin* $d_0 \to d_1 \to \cdots \to d_j \to \dots$ *il existe un* d_j *tel que* $d_j \models \phi_2$ *et où pour chaque* i *tel que* $i < j$ *nous avons* $d_i \models \phi_1$.

L'opération qui consiste à tester si un modèle satisfait une formule logique s'appelle model-checking. Pour vérifier une spécification logique sur un automate il est possible de traiter dans un premier temps tous les sous-termes de la spécification puis de déterminer à partir de ces traitements sous-jacents si les états valident la spécification. Le parcours de l'arbre se fait en commençant aux feuilles (les propositions atomiques) pour remonter jusqu'à la racine (la formule complète). En reprenant la formule $(x = 2) \Rightarrow AG(x = 2)$ pour notre exemple courant, nous devons donc dans un premier temps étiqueter les états discrets validant $x = 2$. Ces états discrets sont $(2,0)$ et $(2,1)$. Puis étiqueter les états discrets validant $AG(x = 2)$ (ce qui est facilité par le premier étiquetage), qui sont encore $(2,0)$ et $(2,1)$. Le dernier étiquetage concerne la formule entière et comme tous les états discrets (soit $(0,0)$, $(1,0)$, $(2,0)$, $(0,1)$, $(1,1)$ et $(2,1)$) satisfont la formule, ils sont étiquetés par $(x = 2) \Rightarrow AG(x = 2)$.

3.5.3 Contraintes d'après des spécifications en logique CTL

Nous allons maintenant présenter d'autres contraintes. Dans un premier temps, nous définissons la contrainte nécessaire et suffisante à l'existence d'une transition, notée $C_{d \to d'} \in$ *Const*, pour la transition $d \to d'$. La contrainte de transition $C_{d \to d'}$ est définie par :

Définition 23 (Contrainte de transition) *Soient d et d' deux états discrets voisins.*

$$C_{d \to d'} = \begin{cases} K_{i,\Omega_i(d)} > d_i & si\ d_i = d'_i - 1\ où\ i\ tel\ que\ d_i \neq d'_i\,; \\ K_{i,\Omega_i(d)} < d_i & sinon. \end{cases}$$

Cette définition pour $C_{d \to d'}$ est la traduction de la modélisation de R. Thomas en termes de contraintes sur les paramètres discrets. Les contraintes de transition sont construites sur les relations de voisinage. Dans le cas où d n'a pas de successeur, nous disons que $C_{d \to d}$ est la contrainte garantissant la stabilité de l'état discret d (c'est-à-dire qu'il n'existe pas de transition sortant de d).

Définition 24 (Contrainte de stabilité) *La contrainte de stabilité $C_{d \to d}$ est définie par :*

$$\bigwedge_i \left(K_{i,\Omega_i(d)} = d_i \right)$$

Sémantique intuitive des contraintes pour une formule CTL

Par rapport au CTL classique, dans notre cas il est possible de tirer parti de la régularité du voisinage sous la forme de quadrillage. Ainsi, les opérateurs temporels CTL peuvent s'exprimer à l'aide de relations de voisinage. Avant de donner la sémantique des contraintes pour une formule CTL (dans la section 3.5.3), nous donnons l'interprétation intuitive des contraintes pour chaque opérateur. Nous introduisons la notation C_ϕ^d : nous disons que la contrainte C_ϕ^d est satisfaite si et seulement si l'état discret d valide la formule ϕ. Si ϕ est une proposition atomique, alors C_ϕ^d est satisfaite si et seulement si d est étiqueté par ϕ (soit $\phi \in \mathcal{L}(d)$ avec $\mathcal{L}(d)$ l'ensemble des étiquettes de d dans la structure de Kripke). Si $\phi = \phi_1 \wedge \phi_2$, C_ϕ^d est équivalente à la conjonction des contraintes $C_{\phi_1}^d$ et $C_{\phi_2}^d$, et si $\phi = \neg\phi_1$ alors $C_\phi^d = \neg C_{\phi_1}^d$. Pour les opérateurs temporels, nous introduisons la notion de ϕ-chemin :

Définition 25 (ϕ-chemin) *Un chemin est un ϕ-chemin si chaque état discret du chemin valide ϕ.*

Nous allons maintenant passer en revue les différents connecteurs temporels :

$EX(\phi_1)$. L'opérateur temporel que nous considérons en premier est EX. Si ϕ est $EX(\phi_1)$ alors un état discret d valide la formule ϕ si et seulement si il existe un état discret voisin d' tel que $C_{d \to d'} \wedge C_{\phi_1}^{d'}$ est satisfaite.

$E[\phi_1 U \phi_2]$. Si ϕ est $E[\phi_1 U \phi_2]$, pour le traitement de la formule à l'état discret d, nous utilisons les variables booléennes additionnelles $B_\phi^{d'}$ pour définir les $E[\phi_1 U \phi_2]$-chemins. La sémantique des variables $B_\phi^{d'}$ est : $B_\phi^{d'}$ est vraie si et seulement si l'état discret d' appartient à un $E[\phi_1 U \phi_2]$-chemin. Les états discrets d'un $E[\phi_1 U \phi_2]$-chemin peuvent être définis inductivement : $B_\phi^{d'}$ est vraie si et seulement si

– soit $C_{\phi_2}^{d'}$ est satisfaite,
– soit $C_{\phi_1}^{d'}$ est satisfaite et il existe un voisin d'' de d' tel que $B_\phi^{d''}$ est vraie et $C_{d' \to d''}$ est satisfaite.

$A[\phi_1 U \phi_2]$. Si ϕ est $A[\phi_1 U \phi_2]$, pour le traitement de la formule à l'état discret d, nous utilisons les variables booléennes additionnelles $B_\phi^{d'}$ pour définir les $A[\phi_1 U \phi_2]$-chemins. La sémantique des variables $B_\phi^{d'}$ est : $B_\phi^{d'}$ est vraie si et seulement si l'état discret d' appartient à un $A[\phi_1 U \phi_2]$-chemin. Les états discrets d'un $A[\phi_1 U \phi_2]$-chemin peuvent être définis inductivement : $B_\phi^{d'}$ est vraie si et seulement si

– soit $C_{\phi_2}^{d'}$ est satisfaite,
– soit $C_{\phi_1}^{d'}$ est satisfaite et, il existe au moins un voisin d'' de d' tel que $C_{d'' \to d'}$ est satisfaite et, pour tout d'' voisin de d' tel que $C_{d' \to d''}$ est satisfaite, nous avons $B_\phi^{d''}$ vraie.

Mais, avec les définitions de $E[\phi_1 U \phi_2]$-chemin et de $A[\phi_1 U \phi_2]$-chemin, il est possible d'avoir uniquement des (ϕ_1)-chemins cycliques où aucun état discret ne valide ϕ_2 (c'est-à-dire des $(\phi_1 \wedge \neg\phi_2)$-chemins cycliques, voir Figure 3.7 page 47). Le tri topologique sur un système de transitions contraint ne contenant que des $(\phi_1 \vee \phi_2)$-chemins est introduit pour traduire la satisfaisabilité de $E[\phi_1 U \phi_2]$ ou de $A[\phi_1 U \phi_2]$ en contraintes. Pour cela, nous introduisons les variables $V_\phi^{d'}$ pour chaque état discret d' qui ont une valeur comprise entre 1 et le nombre d'états discret du système de transitions contraint. Ces variables ordonnent les états discrets appartenant à des $(\phi_1 \vee \phi_2)$-chemins. Nous nous intéressons

à la sémantique concernant les variables $V_\phi^{d'}$ qui est un ordonnancement entre variables :
$V_\phi^{d'} < V_\phi^{d''}$ si
- l'état discret d' appartient à un $(\phi_1 \vee \phi_2)$-chemin,
- l'état discret d'' appartient à un $(\phi_1 \vee \phi_2)$-chemin et
- $C_{d' \rightarrow d''}$ est vraie.

Les deux premières contraintes garantissent que d' et d'' appartiennent à un système de transitions contraint contenant uniquement des $(\phi_1 \vee \phi_2)$-chemins et, la dernière contrainte garantit l'existence d'une transition $d' \rightarrow d''$. Le tri topologique n'est possible que si le système de transitions contraint ne contient pas uniquement des $(\phi_1 \vee \phi_2)$-chemins non-cycliques. Par conséquent avec ces nouvelles contraintes, il est maintenant impossible d'avoir uniquement des $(\phi_1 \wedge \neg\phi_2)$-chemins cycliques, puisque au moins un $(\phi_1 \vee \phi_2)$-chemin permet d'atteindre un état validant ϕ_2.

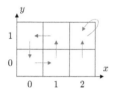 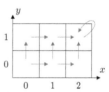

FIGURE 3.7 – **Á gauche** : système de transitions ayant besoin des variables V pour vérifier l'existence d'un $E[(x < 2)U(x = 2)]$-chemin à cause du cycle $(0,0) \rightarrow (1,0) \rightarrow (1,1) \rightarrow (0,1) \rightarrow (0,0)$ qui est un $((x < 2) \wedge \neg(x = 2))$-chemin. **Á droite** : système de transitions n'ayant pas besoin des variables V pour vérifier l'existence d'un $E[(x < 2)U(x = 2)]$-chemin.

Contraintes obligeant un état à satisfaire une formule CTL

Soit d un état discret. Soit $C_\phi^d \in Const$ la contrainte permettant à l'état discret d de satisfaire la formule ϕ. Soit N_d l'ensemble des états discrets voisins de d : $N_d = \{d' \mid d \leftrightarrow d'\}$. Soit n le nombre d'états discrets du système de transitions contraint. La contrainte $C_\phi^d \in Const$ est définie inductivement par :
- si $\phi = \top$ alors $C_\phi^d = true$.
- si $\phi \in AP$ alors $C_\phi^d = true$ ssi $\phi \in \mathcal{L}(d)$.
- si $\phi = \neg\phi_1$ alors $C_\phi^d = \neg C_{\phi_1}^d$.
- si $\phi = \phi_1 \wedge \phi_2$ alors $C_\phi^d = C_{\phi_1}^d \wedge C_{\phi_2}^d$.
- si $\phi = EX(\phi_1)$ alors $C_\phi^d = \bigvee\limits_{d' \in N_d \cup \{d\}} \left(C_{d \rightarrow d'} \wedge C_{\phi_1}^{d'} \right)$.
- si $\phi = E[\phi_1 U \phi_2]$, alors il existe des variables booléennes $B_\phi^{d'} \in Var$ et des variables $V_\phi^{d'} \in Var$ définies dans le domaine $[1, n]$ telles que $C_\phi^d = B_\phi^d$ et les relations entre les variables sont données par les contraintes de $Const$ définies de la façon suivante :

$$\bigwedge_{d'} \left(B_\phi^{d'} \Leftrightarrow C_{\phi_2}^{d'} \vee C_{\phi_1}^{d'} \wedge \bigvee_{d'' \in N_{d'}} \left(B_\phi^{d''} \wedge C_{d' \rightarrow d''} \right) \right) \qquad (3.11)$$

$$\bigwedge_{d'}\left(B_\phi^{d'} \Rightarrow C_{\phi_2}^{d'} \vee C_{\phi_1}^{d'} \wedge \bigvee_{d'' \in N_{d'}}\left(B_\phi^{d''} \wedge C_{d' \to d''} \wedge V_\phi^{d'} < V_\phi^{d''}\right)\right) \qquad (3.12)$$

- si $\phi = A[\phi_1 U \phi_2]$, alors il existe des variables booléennes $B_\phi^{d'} \in Var$ et des variables $V_\phi^{d'} \in Var$ définies dans le domaine $[1, n]$ telles que $C_\phi^d = B_\phi^d$ et les relations entre les variables sont données par les contraintes de $Const$ définies de la façon suivante :

$$\bigwedge_{d'}\left(B_\phi^{d'} \Leftrightarrow C_{\phi_2}^{d'} \vee C_{\phi_1}^{d'} \wedge \bigvee_{d'' \in N_{d'}}\left(C_{d' \to d''}\right) \wedge \bigwedge_{d'' \in N_{d'}}\left(C_{d' \to d''} \Rightarrow B_\phi^{d''}\right)\right) \qquad (3.13)$$

$$\bigwedge_{d'}\left(B_\phi^{d'} \Rightarrow C_{\phi_2}^{d'} \vee C_{\phi_1}^{d'} \wedge \bigvee_{d'' \in N_{d'}}\left(B_\phi^{d''} \wedge C_{d' \to d''} \wedge V_\phi^{d'} < V_\phi^{d''}\right)\right) \qquad (3.14)$$

Preuve d'équivalence entre les spécifications CTL et les contraintes CTL obtenues

Nous allons maintenant démontrer que les contraintes présentées ci-dessus sont équivalentes aux spécifications CTL associées.

Contraintes
- Pour $\top$ la contrainte équivalente en chaque état discret est $C_\top^d = true$.
- Pour une proposition atomique pa, la contrainte équivalente en chaque état discret est $C_{pa}^d = vrai$ si et seulement si la proposition atomique est vraie en d.
- Pour $\neg\phi$ la contrainte équivalente en chaque état discret est $C_{\neg\phi}^d = \neg C_\phi^d$.
- Pour $\phi_1 \wedge \phi_2$ la contrainte équivalente en chaque état discret est $C_{\phi_1 \wedge \phi_2}^d = C_{\phi_1}^d \wedge C_{\phi_2}^d$.

Preuves *Trivial.*

Contrainte Pour $EX(\phi)$ la contrainte équivalente en chaque état discret est

$$C_{EX(\phi)}^d = \bigvee_{d' \in N_d \cup \{d\}}\left(C_{d \to d'} \wedge C_\phi^{d'}\right) \qquad (3.15)$$

Preuve *Supposons que $d_0 \models EX(\phi)$. D'après la sémantique de l'opérateur EX, $d_0 \models EX(\phi)$ si et seulement si il existe un chemin $d_0 \to d_1$ tel que $d_1 \models \phi$. Et d'après (3.15) $C_{EX(\phi)}^d$ est vrai si et seulement si $d_1 \models \phi$ et $d_0 \to d_1$.* □

Contrainte Pour $\phi = E[\phi_1 U \phi_2]$, il existe des variables booléennes $B_\phi^{d'}$ et des variables $V_\phi^{d'}$ définies dans le domaine $[1, n]$ où n est le nombre d'états discrets, telles que $C_\phi^d = B_\phi^d$ et que la relation entre les variables est définie comme ci-dessous :

$$\bigwedge_{d'}\left(B_\phi^{d'} \Leftrightarrow C_{\phi_2}^{d'} \vee C_{\phi_1}^{d'} \wedge \bigvee_{d'' \in N_{d'}}\left(B_\phi^{d''} \wedge C_{d' \to d''}\right)\right) \qquad (3.16)$$

$$\bigwedge_{d'}\left(B_\phi^{d'} \Rightarrow C_{\phi_2}^{d'} \vee C_{\phi_1}^{d'} \wedge \bigvee_{d'' \in N_{d'}}\left(B_\phi^{d''} \wedge C_{d' \to d''} \wedge V_\phi^{d'} < V_\phi^{d''}\right)\right) \qquad (3.17)$$

Preuve   Soit $\{d_i \mid 0 \le i < n\}$ un ensemble d'états discrets de cardinalité n.

a)   *Supposons que $B^{d_0}_{E[\phi_1 U \phi_2]}$ est vrai et que $d_0 \not\models E[\phi_1 U \phi_2]$*. D'après (3.17), $B^{d_0}_{E[\phi_1 U \phi_2]}$ est vrai implique :

- Soit $d_0 \models \phi_2$, or cela implique d'après la sémantique de EU que $d_0 \models E[\phi_1 U \phi_2]$. *Contradiction*.

- Soit $d_0 \models \phi_1$, et il existe au moins une transition $d_0 \to d$ telle que $B^d_{E[\phi_1 U \phi_2]}$ est vrai et que $V^{d_0}_{E[\phi_1 U \phi_2]} < V^d_{E[\phi_1 U \phi_2]}$ est satisfait. D'après la sémantique de l'opérateur EU, comme $d_0 \models \phi_1$ et $d_0 \not\models E[\phi_1 U \phi_2]$, $\forall d_1$ tel que $d_0 \to d_1$ si $d_1 \models E[\phi_1 U \phi_2]$ alors $d_0 \models E[\phi_1 U \phi_2]$ et *contradiction*. Donc $\forall d_1$ tel que $d_0 \to d_1$, nous avons $d_1 \not\models E[\phi_1 U \phi_2]$. Ce qui nous ramène au même problème $\forall d_1$, $B^{d_1}_{E[\phi_1 U \phi_2]}$ est vrai et $d_1 \not\models E[\phi_1 U \phi_2]$. En recommençant ce raisonnement, nous construisons un chemin infini c partant de d_0 tel que pour chaque état discret d_i appartenant à c nous avons $B^{d_i}_{E[\phi_1 U \phi_2]}$ vrai et $d_i \not\models E[\phi_1 U \phi_2]$ et tel que pour chaque transition $d_i \to d_{i+1}$ de c nous avons $V^{d_i}_{E[\phi_1 U \phi_2]} < V^{d_{i+1}}_{E[\phi_1 U \phi_2]}$. Par conséquent, si $i < j$ alors $V^{d_i}_{E[\phi_1 U \phi_2]} < V^{d_j}_{E[\phi_1 U \phi_2]}$. Or comme le graphe de transition est fini, le chemin c passe au moins une fois par un état discret d_i déjà parcouru, ce qui implique que $\exists j > i$ tel que $d_j = d_i$ et donc que $V^{d_i}_{E[\phi_1 U \phi_2]} < V^{d_i}_{E[\phi_1 U \phi_2]}$. *Contradiction*.

b)   *Supposons que $B^{d_0}_{E[\phi_1 U \phi_2]}$ est faux et que $d_0 \models E[\phi_1 U \phi_2]$*. D'après la sémantique de l'opérateur EU, comme $d_0 \models E[\phi_1 U \phi_2]$, il existe un chemin $d_0 \to d_1 \to \cdots \to d_j$ ($j \ge 0$) tel que $d_j \models \phi_2$ et $\forall i < j$, $d_i \models \phi_1 \wedge \neg \phi_2$. Deux cas sont possibles :

- Soit $d_j = d_0$ et donc nous avons $d_0 \models \phi_2$. Or d'après (3.16) si $d_0 \models \phi_2$ alors $B^{d_0}_{E[\phi_1 U \phi_2]}$ est vrai. *Contradiction*.

- Soit $d_j \neq d_0$, nous avons donc $d_0 \models \phi_1$ et $d_0 \not\models \phi_2$. D'après la sémantique de EU, $d_1 \models E[\phi_1 U \phi_2]$. Nous en déduisons d'après (3.16) que $B^{d_1}_{E[\phi_1 U \phi_2]}$ est faux. Donc en d_1, nous avons $B^{d_1}_{E[\phi_1 U \phi_2]}$ faux et $d_1 \models E[\phi_1 U \phi_2]$, et nous savons qu'il existe un chemin $d_1 \to \cdots \to d_j$ de longueur $j-1$. Si $d_1 = d_j$, le premier cas mène à une contradiction, donc forcément $d_1 \neq d_j$. En recommençant ce même raisonnement, nous arrivons à d_{j-1} tel que $B^{d_{j-1}}_{E[\phi_1 U \phi_2]}$ **est faux** et $d_{j-1} \models E[\phi_1 U \phi_2]$ sachant que $d_{j-1} \to d_j$ est possible. Nous savons que $B^{d_j}_{E[\phi_1 U \phi_2]}$ est vrai et que $C_{d_{j-1} \to d_j}$ et $C^{d_{j-1}}_{\phi_1}$ sont satisfaits, donc d'après (3.16), $B^{d_{j-1}}_{E[\phi_1 U \phi_2]}$ **est vrai**. *Contradiction*.

Tous les cas mènent à une contradiction. Par conséquent, soit $B^{d_0}_{E[\phi_1 U \phi_2]}$ est vrai et $d_0 \models E[\phi_1 U \phi_2]$, soit $B^{d_0}_{E[\phi_1 U \phi_2]}$ est faux et $d_0 \not\models E[\phi_1 U \phi_2]$.   □

Contrainte   Pour $\phi = A[\phi_1 U \phi_2]$, il existe des variables booléennes $D^{d'}_\phi$ et des variables $W^{d'}_\phi$ définies dans le domaine $[1, n]$ où n est le nombre d'états discrets, telles que $C^d_\phi = D^d_\phi$

et que la relation entre les variables est définie comme ci-dessous :

$$\bigwedge_{d'} \left(D_\phi^{d'} \Leftrightarrow C_{\phi_2}^{d'} \vee C_{\phi_1}^{d'} \wedge \bigvee_{d'' \in N_{d'}} \left(C_{d' \to d''} \right) \wedge \bigwedge_{d'' \in N_{d'}} \left(C_{d' \to d''} \Rightarrow D_\phi^{d''} \right) \right) \qquad (3.18)$$

$$\bigwedge_{d'} \left(D_\phi^{d'} \Rightarrow C_{\phi_2}^{d'} \vee C_{\phi_1}^{d'} \wedge \bigvee_{d'' \in N_{d'}} \left(B_\phi^{d''} \wedge C_{d' \to d''} \wedge V_\phi^{d'} < V_\phi^{d''} \right) \right) \qquad (3.19)$$

Preuve   Soit $\{d_i \mid 0 \le i < n\}$ un ensemble d'états discrets de cardinalité n.

a) *Supposons que $D_{A[\phi_1 U \phi_2]}^{d_0}$ est vrai et que $d_0 \not\models A[\phi_1 U \phi_2]$.* La démonstration est identique lorsqu'on suppose que $B_{E[\phi_1 U \phi_2]}^{d_0}$ est vrai et que $d_0 \not\models E[\phi_1 U \phi_2]$. *Contradiction.*

b) *Supposons que $D_{A[\phi_1 U \phi_2]}^{d_0}$ est faux et que $d_0 \models A[\phi_1 U \phi_2]$.* D'après la sémantique de l'opérateur AU, comme $d_0 \models A[\phi_1 U \phi_2]$, tous les chemins $d_0 \to d_1 \to \cdots \to d_j$ $(j \ge 0)$ respectent les propriétés $d_j \models \phi_2$ et $\forall i < j$, $d_i \models \phi_1 \wedge \neg \phi_2$. Pour chacun de ces chemins, deux cas sont possibles :

– Soit $d_j = s_0$ et donc nous avons $d_0 \models \phi_2$. Or, d'après (3.18) si $d_0 \models \phi_2$ alors $D_{A[\phi_1 U \phi_2]}^{d_0}$ est vrai. *Contradiction.*

– Soit $d_j \ne d_0$, nous avons donc $d_0 \models \phi_1$ et $d_0 \not\models \phi_2$. D'après la sémantique de AU, $d_1 \models A[\phi_1 U \phi_2]$. Nous en déduisons d'après (3.18) que $D_{E[\phi_1 U \phi_2]}^{d_1}$ est faux. Donc en d_1, nous avons $D_{A[\phi_1 U \phi_2]}^{d_1}$ faux et $d_1 \models A[\phi_1 U \phi_2]$, et nous savons qu'il existe un chemin $d_1 \to \cdots \to d_j$ de longueur $j - 1$. Si $d_1 = d_j$, le premier cas mène à une contradiction, donc forcement $d_1 \ne d_j$. En recommençant ce même raisonnement, nous arrivons à d_{j-1} tel que $D_{A[\phi_1 U \phi_2]}^{d_{j-1}}$ **est faux** et $d_{j-1} \models A[\phi_1 U \phi_2]$ sachant que $d_{j-1} \to d_j$ est possible. Nous savons que $D_{A[\phi_1 U \phi_2]}^{d_j}$ est vrai et que $C_{d_{j-1} \to d_j}$ et $C_{\phi_1}^{d_{j-1}}$ sont satisfaits, donc d'après (3.18), $D_{A[\phi_1 U \phi_2]}^{d_{j-1}}$ **est vrai**. *Contradiction.*

Tous les cas mènent à une contradiction. Par conséquent, soit $B_{E[\phi_1 U \phi_2]}^{d_0}$ est vrai et $d_0 \models A[\phi_1 U \phi_2]$, soit $B_{E[\phi_1 U \phi_2]}^{d_0}$ est faux et $d_0 \not\models A[\phi_1 U \phi_2]$. $\square$

3.5.4   Exemple courant

Ici, nous allons construire les contraintes sur les paramètres du système pour que chaque modèle dont les paramètres satisfont ces contraintes satisfasse les propriétés suivante :

– La production de mucus a lieu quand et seulement quand le niveau de concentration de x est égal à 2.

– L'état $(2, 1)$ ($x = 2$ et $y = 1$) est un état stable. Formule CTL :

$$(x = 2 \wedge y = 1) \Rightarrow AG(x = 2 \wedge y = 1)$$

– Une bactérie produisant du mucus produira toujours du mucus. Formule CTL :

$$(x = 2) \Rightarrow AG(x = 2)$$

– Une bactérie se trouvant dans l'état initial $(0,0)$ peut se mettre à produire du mucus. Formule CTL :

$$(x = 0 \wedge y = 0) \Rightarrow EF(x = 2)$$

Nous obtenons un ensemble de 6 dynamiques cohérentes avec les observations biologiques, dont celle de la figure 3.8(b) ci-dessous (voir les annexes .2.2 pour les autres). La dynamique de la figure 3.8(a) ne satisfait pas les contraintes liées aux formules CTL car elle présente deux phénomènes épigénétiques (production de mucus et non-production de mucus) qui sont dus à un système de transitions non connexe. Ainsi, la figure 3.8(a) présente une dynamique où il n'est pas possible d'atteindre le niveau 2 de x depuis le niveau 0 sans signal externe, alors que la figure 3.8(b) présente une dynamique où le niveau 2 peut être atteint à partir de n'importe quel état initial.

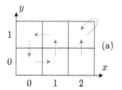 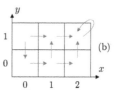

FIGURE 3.8 – **(a)** : Un système de transitions possible avec un changement épigénétique depuis un état ne produisant pas de mucus (par exemple l'état discret $(1,1)$) vers un état en produisant (par exemple l'état discret $(2,1)$). **(b)** : Un système de transitions possible sans changement épigénétique.

À partir des figures 3.8, nous allons dérouler sur un exemple l'utilisation des contraintes afin de mieux comprendre les variables additionnelles. Ici, nous montrons que les contraintes liées à la formule CTL $(x = 0 \wedge y = 0) \Rightarrow EF(x = 2)$ (équivalent à la formule CTL $(x = 0 \wedge y = 0) \Rightarrow E[\top U x = 2]$) sont satisfaites pour la dynamique de la figure 3.8(b) mais pas pour celle de la figure 3.8(a). Par la suite nous notons ϕ, la formule $E[\top U x = 2]$.

Pour la dynamique de la figure 3.8(a), nous commençons avec $C^1_{E[\top U \, x=2]} = B^{(0,0)}_\phi = 1$. Comme les états $(2,0)$ et $(2,1)$ satisfont la proposition atomique $x = 2$, nous avons avec les contraintes 3.11 et 3.12 :

– $B^{(2,0)}_\phi = 1$ et $B^{(2,1)}_\phi = 1$.

Puis par déduction :

– soit $B^{(1,0)}_\phi = B^{(1,1)}_\phi = B^{(0,0)}_\phi = B^{(0,1)}_\phi = 0$ nous amène à la contradiction $B^{(0,0)}_\phi = 1 \wedge B^{(0,0)}_\phi = 0$ (voir Figure 3.9(a)).

– soit $B^{(1,0)}_\phi = B^{(1,1)}_\phi = B^{(0,0)}_\phi = B^{(0,1)}_\phi = 1$ nous amène aux contradictions $V^{(1,0)}_\phi \neq V^{(1,0)}_\phi$, $V^{(1,1)}_\phi \neq V^{(1,1)}_\phi$, $V^{(0,0)}_\phi \neq V^{(0,0)}_\phi$ et $V^{(0,1)}_\phi \neq V^{(0,1)}_\phi$ (voir Figure 3.9(b)).

Pour la dynamique de la figure 3.8(b), nous commençons avec $C^1_{E[\top U \, x=2]} = B^{(0,0)}_\phi = 1$. Comme les états $(2,0)$ et $(2,1)$ satisfont la proposition atomique $x = 2$, nous avons avec les contraintes 3.11 et 3.12 (Illustration en Figure 3.10) :

– $B^{(2,0)}_\phi = 1$ et $B^{(2,1)}_\phi = 1$ et arbitrairement nous posons aussi

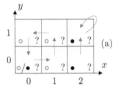 (a)   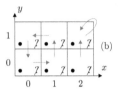 (b)

FIGURE 3.9 – Illustration pour un aperçu visuel des variables B et V. Pour les variables B : ∘ si le B de l'état discret est égale à 0, • si le B de l'état discret est égale à 1 et ∘/• si les contraintes sur le B de l'état discret sont contradictoires. Pour les variables V : ? si la valeur de V dans l'état discret n'est pas connue, ⅋ si les contraintes sur le V de l'état discret sont contradictoires et une valeur si la valeur de V dans l'état discret est connue.

– $V_\phi^{(2,0)} = 6$ et $V_\phi^{(2,1)} = 6$.

Puis par déductions successives :

1. $B_\phi^{(1,0)} = 1$, $V_\phi^{(1,0)} = 5$, $B_\phi^{(1,1)} = 1$ et $V_\phi^{(1,1)} = 5$.
2. $B_\phi^{(0,0)} = 1$, $V_\phi^{(0,0)} = 4$, $B_\phi^{(0,1)} = 1$ et $V_\phi^{(0,1)} = 4$.

Cet exemple nous permet donc de découvrir les contraintes ayant empêché la dynamique en figure 3.8(a) d'être une solution possible d'après les observations biologiques proposées.

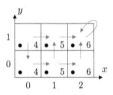

FIGURE 3.10 – Illustration pour un aperçu visuel des variables B et V. Pour les variables B : ∘ si le B de l'état discret est égale à 0, • si le B de l'état discret est égale à 1 et ∘/• si les contraintes sur le B de l'état discret sont contradictoires. Pour les variables V : ? si la valeur de V dans l'état discret n'est pas connue, ⅋ si les contraintes sur le V de l'état discret sont contradictoires et une valeur si la valeur de V dans l'état discret est connue.

Implémentation et limites L'approche est implémentée en Java avec la librairie *Choco Solver*[3]. Grâce à cette implémentation, nous avons pu observer les limites du solveur de contraintes qui semble alors fournir des résultats erronés qui ne tiennent pas compte de toutes les contraintes. Cette limite semble due au nombre de contraintes données au solveur. Ce nombre de contraintes étant lui même fonction des opérateurs CTL utilisés et de la taille du système de transitions contraint analysé. Actuellement, bien que la rapidité des résultats soiT de l'ordre de l'instantanné contrairement à SMBionet[4] qui pour un même résultat va demander plusieurs minutes voire plusieurs heures, il n'est pas

---

3. Voir le site http ://www.emn.fr/x-info/choco-solver/doku.php.
4. Outil développé dans le cadre de la thèse d'A. Richard [Ric06].

possible d'aller au delà d'un graphe de régulation de 4 variables et 10 interactions pour la spécification de d'une formule CTL comportant jusqu'à 3 opérateurs temporels (comme EF ou AG). Une des solutions pour dépasser cette limitation serait de donner les contraintes au solveur petit à petit en réinjectant les résultats intermédiaires au solveur. De plus, la librairie *Choco Solver* évoluant rapidement, il est possible que les limites observées alors puissent être dépassées prochainement.

L'outil obtenu est donc encore actuellement peu utilisable à cause des limitations que nous venons de mentionner mais qui sont purement extérieures à notre travail. Nous espérons bien que les progrès à venir dans le domaine de la résolution de contraintes puissent rendre nos résultats très intéressants à relativement court terme.

3.6 Étude et décomposition de dynamiques qualitatives par les MMB

Les contraintes montrées dans la section précédente permettent d'obtenir des systèmes de transitions cohérents avec le modèle biologique. Cependant, l'analyse de tels systèmes de transitions reste difficile pour de grands réseaux de régulation génétique. En effet, les systèmes de transitions ayant une taille exponentielle par rapport au nombre de variables du réseau de régulation génétique associé, il devient rapidement difficile de détecter une dynamique d'intérêt qui ne soit pas initialement prévue dans les spécifications du modèle. L'utilisation d'une modélisation discrète surmonte néanmoins cette faiblesse en nous permettant de décomposer des comportements qualitatifs en utilisant une autre approche contrainte : l'analyse d'équilibre de flux utilisant le Comportement Métabolique Minimal (MMB). La technique [LB06] est une extension élégante de l'approche par les Modes de Flux Élémentaires (EFM) (voir [GK04] pour avoir une vue d'ensemble sur l'analyse d'équilibre de flux). Cette technique est déjà bien connue pour analyser le flux métabolique d'un système (stationnaire) en équilibre. Elle décompose les contraintes de flux en chemins élémentaires minimaux. Les combinaisons de ces chemins décrivent une multitude de chemins et donc de comportements. Pour appliquer ces techniques sur des systèmes de transitions, nous supposons (i) qu'un comportement qualitatif spécifique peut être vu comme une combinaison de chemins qualitatifs et (ii) que l'abstraction discrète décrit des comportements transitoires entre des états discrets qui impliquent des flux entre des *états discrets sources* et des *états discrets puits*.

Mathématiquement, les contraintes qui décrivent le système de transitions sont de la forme :

$$Sv = 0, v_i \geq 0, \text{ pour } i \in Irr \tag{3.20}$$

Irr est l'ensemble des transitions irréversibles (dans notre cas, cela correspond à l'ensemble des transitions du système), S est la matrice stoechiométrique du système de transitions $s \times m$, avec s états discrets (les lignes) et m transitions (les colonnes), et où $v \in \mathbb{R}^m$ est un vecteur de flux. Comme expliqué dans [LB06], l'ensemble de tous les flux possibles à travers le système de transitions à l'état stable (les solutions possibles du système de contraintes décrit dans la contrainte (3.20)) ci-dessous, définit un cône polyédrique, nommé le cône de flux à l'état stable.

$$C = \{v \in \mathbb{R}^m \mid Sv = 0, v_i \geq 0, i \in Irr\} \tag{3.21}$$

Finalement, à chaque face G du cône de flux est associé un ensemble de transitions irréversibles D qui correspond aux MMB.

$$G = \{v \in C \mid v_j \geq 0, \forall j \in D,\ v_i = 0, \forall i \in Irr \setminus D\} \qquad (3.22)$$

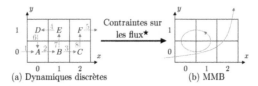

(a) Dynamiques discrètes   (b) MMB

FIGURE 3.11 – Raisonnement sur un système de transitions venant de notre exemple courant où la phase $\star$ permet l'analyse d'équilibre de flux.

Application à notre exemple courant :   Dans la Figure 3.11, nous faisons l'analyse de flux sur un système de transitions venant de notre exemple courant. Les flux sont obtenus en ajoutant une transition entrante sur l'état discret $(0,0)$: l'état discret initial. Nous considérons aussi l'état discret $(2,1)$ comme une sortie naturelle du système et nous y ajoutons donc une transition sortante. Notons que la bonne détermination des états discrets puits et des états discrets sources est primordiale puisqu'elle a une influence sur les résultats obtenus. Finalement, nous avons 6 états discrets $(A, \ldots, F)$ et 8 transitions $(1, \ldots, 8)$. De là, le système de transitions peut être décrit par l'ensemble des réactions irréversibles qui est $Irr = \{1, 2, 3, 4, 5, 6, 7, 8\}$ et par la matrice stœchiométrique qui est

$$S = \begin{pmatrix} 1 & -1 & 0 & 0 & 0 & 1 & 0 & 0 \\ 0 & 1 & -1 & 0 & 0 & 0 & -1 & 0 \\ 0 & 0 & 1 & 0 & 0 & 0 & 0 & -1 \\ 0 & 0 & 0 & 1 & 0 & -1 & 0 & 0 \\ 0 & 0 & 0 & -1 & 0 & 0 & 1 & 0 \\ 0 & 0 & 0 & 0 & -1 & 0 & 0 & 1 \end{pmatrix}$$

En utilisant l'outil proposé par les auteurs de [LB06], nous découvrons que le cône de flux à l'état stable peut être représenté par deux faces minimales (Fig. 3.11(b)) nommées MMB :

$$\text{MMB}_1 \quad : \quad \rightarrow (0,0) \rightarrow (1,0) \rightarrow (2,0) \rightarrow (2,1) \rightarrow$$
$$\text{MMB}_2 \quad : \quad (0,0) \rightarrow (1,0) \rightarrow (1,1) \rightarrow (0,1) \rightarrow (0,0)$$

où MMB_1 et MMB_2 montrent respectivement un chemin linéaire et un chemin cyclique. Il est intéressant de voir que ces deux modes élémentaires représentent les deux comportements caractéristiques du système. Notons que l'espace linéaire lin.space$(C) = \{v \in C \mid v_i = 0, i \in Irr\}$ est de dimension 0 en raison de l'absence de transition réversible dans le système de transitions. Cette approche peut être particulièrement intéressante pour l'étude des réseaux de régulation génétique bien que les chemins cycliques (potentiellement nombreux dans un système de transitions) augmentent la complexité du problème. En effet, en se concentrant sur la dynamique de variables spécifiques, nous pouvons élaguer le système de transitions en considérant uniquement les chemins qui sont liés aux dynamiques d'intérêt de ces variable et aux niveaux de concentration étudiés. À partir de là, une combinaison de ces MMB peut produire un sous-système de transitions qui décrit tous les comportements qualitatifs d'intérêt. Bien entendu, pour que cela soit possible, il faut que chaque transition du système puisse appartenir à un flux et choisir les états discrets sources et puits en conséquence.

3.7 Étude de cas

Comme nous le montrons dans [EFR08] et [ABE+09], à partir de l'ensemble de ce que nous venons de voir dans ce chapitre, il est possible d'imbriquer chacune de ces méthodes afin d'en faire une approche contrainte permettant l'étude d'un réseau de régulation génétique (voir la Figure 3.12 ci-dessous).

Au cours de cette thèse, nous avons appliqué cette approche contrainte sur le modèle PLDE pour *Escherichia Coli* et sa réponse au manque de carbone [RDP+06]. La croissance des populations bactériennes est liée à la quantité de substances nutritives présentes dans leur environnement. La disponibilité nutritive entraîne une augmentation exponentielle de la biomasse procaryotique tandis que le stress nutritionnel incite le ralentissement de la croissance ou même l'arrêt de la croissance. Ainsi, des populations bactériennes sont soumises aux transitions entre deux états qui correspondent respectivement à des phases exponentielles et des phases stationnaires. Le changement entre ces deux phases est crucial à la survie bactérienne et est contrôlé par un système biologique qui intègre des signaux environnementaux divers.

Le système biologique contrôlant la réponse *E. Coli* à la privation carbonique a été largement étudié, dans les décennies passées. Par contraste avec la plupart des études se concentrant seulement sur une ou quelques composants de ce réseau, Ropers et ses co-auteurs ont mis en œuvre une modélisation pour six régulateurs clefs de ce réseau [RDP+06]. Ce modèle lie les comportements de cinq gènes (*crp, cya, fis, gyr$_{AB}$, topA*) et deux « signaux » supplémentaires comme les informations de famine carbonique et la quantité d'ARNs stables.

Nous avons donc repris ce modèle ainsi que les contraintes posées par les auteurs sur les seuils et paramètres cinétiques. L'ensemble de ces données sont présentées de façon exhaustive dans le Tableau 3.3 page 57. Cette approche contrainte nous a permis d'obtenir un système de transitions cohérent avec l'ensemble des contraintes initiales. De plus, nous avons pu retrouver et isoler (par les MMB) un chemin cyclique mis en avant par Ropers et ses co-auteurs, ce qui a permis une étude plus approfondie du chemin cyclique grâce à la modélisation de J. Ahmad et al. [ARB+08]. Ainsi, nous montrons qu'une augmentation légère de la période de *gyr$_{AB}$* ne pourrait pas permettre à la bactérie de rester dans la phase exponentielle. *gyr$_{AB}$* étant étroitement lié au superenroulement de l'ADN, le ralentissement de la course du cycle de *gyr$_{AB}$* entraînerait une diminution de l'activité de superenroulement de l'ADN. Des études indépendantes ont montré le grand impact du superenroulement de l'ADN sur l'activité de gène bactérienne [HB02]. Ainsi, Les expressions de gènes sont basses quand la densité superhélicoïdale chromosomique est basse et inversement. Cela est dû à la nécessité de réagir à la variation environnementale pour la survie, ainsi une faible activité des bactéries agit comme une détente pour commuter sur la phase stationnaire. D. Ropers et al. ont dépeint ce cycle qualitatif comme un résultat inattendu. Cependant, nos analyses de propriétés temporelles associées à ce cycle indiquent que ces

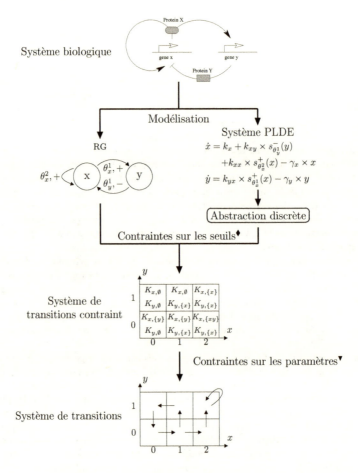

FIGURE 3.12 – Application des approches contraintes sur l'exemple courant. Les contraintes ♦ sont $0 < \theta_x^1 < \theta_x^2 < max_x$ et $0 < \theta_y^1 < max_y$. Les contraintes ▼ sont $0 < \frac{k_x}{\gamma_x} < \theta_x^1$ et $\theta_y^1 < \frac{k_{yx}}{\gamma_y} < max_y$ et $\theta_x^2 < \frac{k_x + k_{xy}}{\gamma_x}$, $\frac{k_x + k_{xx}}{\gamma_x}$, $\frac{k_x + k_{xy} + k_{xx}}{\gamma_x} < max_x$.

$\dot{u}_s = 0$
$\dot{x}_{crp} = k^1_{crp} + k^2_{crp} \; s^-_{\theta^2_{fis}}(x_{fis}) \; s^+_{\theta^1_{cya}}(x_{cya}) \; s^+_{\theta_s}(u_s) + k^3_{crp} \; s^-_{\theta^1_{fis}}(x_{fis}) - \gamma_{crp} \; x_{crp}$
$0 < \theta^1_{crp} < \theta^2_{crp} < max_{crp}$
$\theta^1_{crp} < \frac{k^1_{crp}}{\gamma_{crp}} < \theta^2_{crp}$
$\theta^1_{crp} < \frac{k^1_{crp}+k^2_{crp}}{\gamma_{crp}} < \theta^2_{crp}$
$\theta^2_{crp} < \frac{k^1_{crp}+k^3_{crp}}{\gamma_{crp}} < max_{crp}$
$\theta^2_{crp} < \frac{k^1_{crp}+k^2_{crp}+k^3_{crp}}{\gamma_{crp}} < max_{crp}$
$\dot{x}_{cya} = k^1_{cya} + k^2_{cya} \; (1 - s^+_{\theta^2_{crp}}(x_{crp}) \; s^+_{\theta^2_{cya}}(x_{cya}) \; s^+_{\theta_s}(u_s)) - \gamma_{cya} \; x_{cya}$
$0 < \theta^1_{cya} < \theta^2_{cya} < max_{cya}$
$\theta^1_{cya} < \frac{k^1_{cya}}{\gamma_{cya}} < \theta^2_{cya}$
$\theta^2_{cya} < \frac{k^1_{cya}+k^2_{cya}}{\gamma_{cya}} < max_{cya}$
$\dot{x}_{fis} = k^1_{fis} \; (1 - s^+_{\theta^1_{crp}}(x_{crp}) \; s^+_{\theta^1_{cya}}(x_{cya}) \; s^+_{\theta_s}(u_s)) \; s^-_{\theta^1_{fis}}(x_{fis})$
$\qquad +k^2_{fis} \; s^+_{\theta_{gyrAB}}(x_{gyrAB}) \; s^-_{\theta^2_{topA}}(x_{topA}) \; s^+_{\theta^4_{fis}}(x_{fis}) \; (1 - s^+_{\theta^1_{crp}}(x_{crp}) \; s^+_{\theta^1_{cya}}(x_{cya}) \; s^+_{\theta_s}(u_s)) - \gamma_{fis} x_{fis}$
$0 < \theta^1_{fis} < \theta^2_{fis} < \theta^3_{fis} < \theta^4_{fis} < max_{fis}$
$\theta^1_{fis} < \frac{k^1_{fis}}{\gamma_{fis}} < \theta^2_{fis}$
$\theta^4_{fis} < \frac{k^1_{fis}+k^2_{fis}}{\gamma_{fis}} < max_{fis}$
$\dot{x}_{gyrAB} = k_{gyrAB}(1 - s^+_{\theta^2_{gyrAB}}(x_{gyrAB}) \; s^-_{\theta^1_{topA}}(x_{topA})) \; s^-_{\theta^3_{fis}}(x_{fis}) - \gamma_{gyrAB} \; x_{gyrAB}$
$0 < \theta^1_{gyrAB} < \theta^2_{gyrAB} < max_{gyrAB}$
$\theta^2_{gyrAB} < \frac{k_{gyrAB}}{\gamma_{gyrAB}} < max_{gyrAB}$
$\dot{x}_{topA} = k_{topA} \; s^+_{\theta_{gyrAB}}(x_{gyrAB}) \; s^-_{\theta^1_{topA}}(x_{topA}) \; s^-_{\theta^3_{fis}}(x_{fis}) - \gamma_{topA} \; x_{topA}$
$0 < \theta^1_{topA} < \theta^2_{topA} < max_{topA}$
$\theta^2_{topA} < \frac{k_{topA}}{\gamma_{topA}} < max_{topA}$

TABLE 3.3 – Système PLDE et ses contraintes associées pour le modèle simplifié de Ropers et ses co-auteurs.

résultats sont connectés aux observations biologiques sur le superenroulement de l'ADN. De plus, nos observations indiquent que fis joue un rôle majeur dans le cycle qualitatif dans lequel la bactérie est gardée pendant la phase exponentielle. Par conséquent, un calibrage expérimental des propriétés temporelles de fis pourrait améliorer la compréhension de ce modèle bactérien. En outre, nous montrons que la réactivité du superenroulement de l'ADN est liée au délais pris par fis pour effectuer sa période qualitative. Ainsi, les propriétés temporelles déduites du modèle qualitatif renforcent la pertinence biologique du modèle.

3.8   Conclusion

Nous avons vu au cours de ce chapitre que la modélisation PLDE et la modélisation discrète de R. Thomas sont fortement liées. Ainsi nous montrons qu'il est possible de partir d'une modélisation PLDE et d'utiliser les hypothèses liées à un modèle PLDE pour travailler ensuite sur son abstraction discrète (le modèle de R. Thomas). Nous avons également vu deux approches contraintes utilisant la modélisation discrète de R. Thomas. La première de ces approches permet de faire du model-checking paramétrique mais également d'obtenir efficacement des paramétrages cohérents avec les spécifications du modèle étudié en utilisant des outils de programmation par contraintes. Cette approche a d'ailleurs donné lieu au développement d'un outil dédié multi-plateformes (en Java et utilisant la librairie Choco Solver pour la partie programmation par contraintes). La deuxième approche utilise un outil déjà existant permettant initialement de décomposer les comportements dynamiques d'un réseau métabolique. En adaptant cette méthode à la modélisation discrète, il est possible d'obtenir une décomposition des comportements du modèle étudié. Cette décomposition peut déjà apporter des réponses sur certains comportements qui peuvent s'avérer être une imbrication de comportements.

Enfin, l'ensemble des travaux réalisés dans ce chapitre peuvent se voir comme une approche globale et contrainte permettant de faire une analyse préliminaire pour la modélisation hybride temporelle qui est présentée dans le chapitre suivant.

Chapitre 4

Modélisation hybride pour un raffinement des contraintes temporelles et discrètes

Dans ce chapitre, nous proposons une modélisation qui étend la modélisation discrète de René Thomas en incorporant des aspects temporels, comme nous le montrons dans l'article [FBCR09]. Nous appelons cette modélisation TDD pour « modélisation par décomposition des domaines temporels ». Ces aspects temporels s'expriment sous la forme de délais et représentent le temps nécessaire pour passer d'un état à un autre dans le graphe d'états discrets de René Thomas. Puisque la structure sur laquelle cette modélisation se base est le graphe d'états discrets de René Thomas, il est possible d'utiliser les méthodes classiques pour la synthèse des paramètres discrets ou encore d'utiliser la méthode par contraintes présentée dans le chapitre 2. Il est également possible de se focaliser sur une partie du graphe d'états discrets grâce à la méthode de décomposition de graphe d'états discrets par les MMBs qui a été présentée dans le chapitre 3.

De plus, des spécifications dynamiques comme l'accessibilité peuvent être traduites en contraintes sur ces délais. Comme le graphe d'états discrets est une abstraction du système par équations différentielles linéaires par morceaux (PLDE), nous montrons comment construire des contraintes sur les délais de la modélisation hybride pour assurer la cohérence entre le modèle hybride et le système PLDE sous-jacent. En particulier, les délais des modèles hybrides doivent satisfaire certaines contraintes qui peuvent être déduites des systèmes PLDE. D'autre part, si nous voulons construire un modèle continu compatible avec un modèle hybride donné, ses paramètres cinétiques doivent satisfaire les mêmes contraintes symboliques.

4.1 Syntaxe

Nous associons à chaque domaine une *zone temporelle* qui mesure le temps passé dans un domaine. Cette zone est représentée comme un hypercube de dimension n(et où n est le nombre de variables dans le système). Dans cet hypercube, les vitesses des variables peuvent prendre les valeurs 1, 0 ou -1 afin de représenter respectivement la croissance, la stabilisation ou la décroissance des variables. De là, afin de représenter des vitesses ou des distances plus ou moins grandes, les arêtes de cet hypercube seront de longueur variable. Intuitivement, la taille de l'hypercube représente le temps nécessaire pour que le système traverse le domaine associé. C'est ce que nous appelons les délais qui vont être les éléments centraux (et nouveaux) introduits dans le graphe d'états. Ainsi, $\delta^+_{x,i,\omega}$ (respectivement $\delta^-_{x,i,\omega}$) est le paramètre représentant le délais de croissance (respectivement de décroissance) de la variable x lorsque son niveau de concentration est i et que ses ressources sont ω.

Définition 26 (Graphe d'états avec délais (SGD)) *Nous considérons un système de régulation génétique dans lequel la fonction de régulation r_{ij} de la Définition 8 page 33 est donnée. À partir de r_{ij}, sont déduits les seuils d'action θ^k_x de chaque variable $x \in X$ sur ses cibles, le nombre de seuils différents b_x pour chaque variable x et finalement la fonction de discrétisation (voir Définition 15 page 36). Un* graphe d'états avec délais *(appelé aussi* SGD*) est un 4-uplet $\mathcal{N} = (X, L, K, D)$ où :*

- $X = \{x_1, \ldots, x_n\}$ *est l'ensemble des variables,*
- $L = \{(l_i(x_i))_{x_i \in X}\}$ *est l'ensemble fini de domaines (voir Définition 12 page 34),*
- $K = \{K_{x,\omega}\}_{x \in X, \omega \subset \mathcal{R}(x)}$ *est une famille d'entiers telle que $K_{x,\omega} \in [0, b_x]$ pour toute variable x et pour tout ensemble ω de régulations agissant sur x.*
- $D = D^+ \cup D^-$ *est une famille de nombres réels positifs telle que :*
  - $D^+ = \{\delta^+_{x,i,\omega}\}_{x \in X, i \in [0, b_x], \omega \subset \mathcal{R}(x), i \leq K_{x,\omega}}$ *avec $\delta^+_{x,i,\omega} \in \mathbb{R}^+$ ($[0, b_x]$ étant un intervalle d'entiers).*
  - $D^- = \{\delta^-_{x,i,\omega}\}_{x \in X, i \in [0, b_x], \omega \subset \mathcal{R}(x), i \geq K_{x,\omega}}$ *avec $\delta^-_{x,i,\omega} \in \mathbb{R}^+$ ($[0, b_x]$ étant un intervalle d'entiers).*

La sous-famille D^+ est appelée l'ensemble des délais de production de $\mathcal{N}$ et la sous-famille D^- est appelée l'ensemble des délais de dégradation de $\mathcal{N}$.

Notation 4 *Dans un but d'uniformité, lorsqu'un domaine ne contient pas son point focal, nous admettons que dans la zone temporelle associée certains délais de production ou de dégradation sont nuls. Ainsi, lorsque $i > K_{v,\omega}$ (resp. $i < K_{v,\omega}$), nous admettons que $\delta^+_{v,i,\omega} = 0$ (resp. $\delta^-_{v,i,\omega} = 0$).*

exemple courant : Nous considérons à nouveau notre exemple courant et nous examinons maintenant le *graphe d'états avec délais* $\mathcal{P} = (X, L, K, D)$ modélisant le système de production de mucus de *Pseudomonas aeruginosa*, défini par :

- $X = \{x, y\}$,
- $L = \{(0, 0), (1, 0), (0, 1), (1, 1), (2, 0), (2, 1)\}$,
- $K = \{K_{x,\emptyset} = 0, K_{x,\{x\}} = 2, K_{x,\{y\}} = 2, K_{x,\{x,y\}} = 2, K_{y,\emptyset} = 0, K_{y,\{x\}} = 1\}$
- $D = D^+ \cup D^-$ où

  - $D^+ = \{\delta^+_{x,2,\{x\}}, \delta^+_{x,2,\{x,y\}}, \delta^+_{x,1,\{y\}}, \delta^+_{x,0,\{y\}}, \delta^+_{y,1,\{x\}}, \delta^+_{y,0,\{x\}}\}$ et

  - $D^- = \{\delta^-_{x,2,\{x\}}, \delta^-_{x,2,\{x,y\}}, \delta^-_{x,1,\emptyset}, \delta^-_{x,0,\emptyset}, \delta^-_{y,1,\emptyset}, \delta^-_{y,0,\emptyset}, \delta^-_{y,1,\{x\}}\}$.

Ce *grahe d'états avec délais* est réprésenté en Figure 4.1 page 61 où seuls les délais non nuls sont dessinés. En reprenant la Figure 3.3 page 38, nous pouvons voir la correspondance entre le système de transition et le graphe d'états avec délais. Par exemple, le domaine $(0, 0)$ correspond à la zone temporelle en bas à gauche de la figure et la zone temporelle en haut à droite (divisée en 4) correspond au domaine $(2, 1)$.

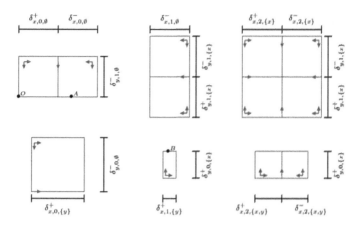

FIGURE 4.1 – Graphe d'états avec délais modélisant le système de production de mucus chez *Pseudomonas aeruginosa*

Par convention, nous décidons de fixer l'origine de chaque zone temporelle au point où l'état continu du domaine associé a les concentration les plus faibles. Par exemple, cela correspond au point O dans la zone temporelle associée au domaine $(0,1)$ de la Figure 4.1. De là, intuitivement, pour un domaine particulier d, la zone temporelle est définie par le produit d'intervalles pour chaque gène où il peut avoir sa valeur réelle :

$$\prod_{x \in X} [0, \delta^+_{x,l(x),\omega_x(d)} + \delta^-_{x,l(x),\omega_x(d)}]$$

4.2 Sous-domaines et zones temporelles

Cette section est dédiée à la détermination de l'ensemble D des paramètres de délais.

4.2.1 Sous-domaines

Dans un domaine donné, les trajectoires du système d'équations différentielles linéaires associé tend de façon monotone vers un état stable appelé point focal. La direction de la variation de concentration dépend de la position de l'état continu courant par rapport à la position de ce point focal. De là, au sein d'un domaine, le signe de variation de la concentration peut différer d'un état continu à un autre.

Par exemple, la Figure 4.2 montre un domaine dans un espace à deux dimensions (avec les variables x_1 et x_2) dont le point focal $f = (f_1, f_2)$ est à l'extérieur du domaine. La variable x_1 tend vers sa concentration focale qui est plus grande que sa concentration courante quel que soit l'état continu du domaine. En d'autres termes, la dérivée de x_1 est positive en chaque état continu du domaine. En revanche, l'évolution de x_2 depend de sa position par rapport à la composante f_2 du point focal :

– si $x_2 > f_2$ alors $\dot{x}_2 < 0$,
– si $x_2 = f_2$ alors $\dot{x}_2 = 0$ et

– si $x_2 < f_2$ alors $\dot{x}_2 > 0$.

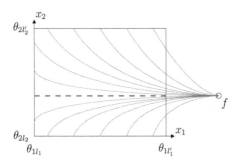

FIGURE 4.2 – Le partitionnement d'un domaine en sous-domaines. Dans chacun des sous-domaines, le vecteur de signes de dérivées est constant.

Cela mène au partitionnement d'un domaine en sous-domaines. Chaque sous-domaine est l'ensemble de tous les états continus du domaine qui ont le même vecteur de signes de dérivées.

Définition 27 (Sous-domaine et vecteur de varation temporelle)

1. *Les sous-domaines d'un domaine d sont la classe d'équivalence de l'ensemble des états continus sous la relation d'équivalence $\equiv$ définie par :*

$$(x_i)_{i\in[1,n]} \equiv (y_i)_{i\in[1,n]} \Leftrightarrow \forall i \in [1,n], \mathrm{sign}(\dot{x}_i) = \mathrm{sign}(\dot{y}_i).$$

2. *Le vecteur de varation temporelle v_{sd} d'un sous-domaine sd est*

$$v_{sd} = (\mathrm{sign}(\dot{x}_i))_{i\in[1,n]}$$

pour tout état continu $(x_i)_{i\in[1,n]}$ dans le sous-domaine sd.

Dans l'exemple de la Figure 4.2, il y a trois sous-domaines :
- Le sous-domaine où la variable x_2 reste constante ($\dot{x}_2 = 0$), il est composé de l'ensemble des points figurés par la ligne horizontale en traits discontinus continus de la ligne en pointillés horizontale ;
- Le sous-domaine où la variable x_2 augmente ($\dot{x}_2 > 0$), il est composé de l'ensemble des points situés en-dessous de la ligne horizontale en traits discontinus et ;
- Le sous-domaine où la variable x_2 diminue ($\dot{x}_2 < 0$), il est composé de l'ensemble des points situés sous la ligne horizontale en traits discontinus.

La dimension d'un sous-domaine sd est alors définie comme le nombre de variables x_i telles que $\dot{x}_i \neq 0$. C'est-à-dire que nous définissons dim(sd) comme étant l'ensemble des variables x_i qui ne restent pas constantes : dim(sd) $= \{x_i \mid i \in [1,n], sign(\dot{x}_i) \neq 0\}$. La Figure 4.3 présente quelques exemples 3D de domaines partitionnés en sous-domaines.

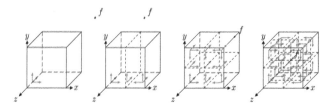

FIGURE 4.3 – Exemples de domaines partitionnés en sous-domaines d'après la position de leur point focal f. Les flèches indiquent pour chaque sous-domaine, son vecteur d'évolution temporelle. Dans la deuxième figure, il y a donc trois sous-domaines : deux sous-domaines où $dim(sd)$ vaut 3 et un sous-domaine où $dim(sd)$ vaut 2 et ainsi de suite.

4.2.2   Les zones temporelles

Afin d'obtenir le modèle hybride à partir du système PLDE, les trajectoires dans un sous-domaine sont approximées par des segments parallèles. Les directions des segments sont données par le vecteur de variations temporelles v_{sd}. Pour gérer les vitesses relatives des variables au sein du même sous-domaine, nous introduisons différents délais pour les différentes variables.

La famille de paramètres D est composée de deux sous-familles : les délais de production et les délais de dégradation. Pour un domaine l, tel que $l(v) = k$ (où $l(v)$ est la discrétisation de la valeur de v qui sera définie formellement à la Définition 28 page 65), deux délais pour la variable v doivent être considérés : $\delta^+_{v,k,\omega(l)}$ and $\delta^-_{v,k,\omega(l)}$. Si les coordonnées en v du point focal f pour le domaine l est à l'extérieur de $l(v)$, alors soit le délai de production est nul, soit le délai de dégradation est nul. En effet :

- Si $l_v(f_v) > k$, la variable v augmente dans l'ensemble du domaine. Le paramètre $\delta^+_{v,k,\omega(l)}$ approxime le temps nécessaire pour traverser le domaine dans la direction de v par l'augmentation de la concentration de v. Néanmoins, il n'est pas possible de traverser le domaine dans la direction de v par une diminution de v. Par conséquent, nous avons $\delta^-_{v,k,\omega(l)} = 0$.
- De façon similaire, si $l_v(f_v) < k$, la variable v diminue dans l'ensemble du domaine. Le paramètre $\delta^-_{v,k,\omega(l)}$ approxime le temps nécessaire pour traverser le domaine dans la direction de v par la diminution de la concentration de v. Néanmoins, il n'est pas possible de traverser le domaine dans la direction de v par une augmentation de v. Par conséquent, nous avons $\delta^+_{v,k,\omega(l)} = 0$.

Si la coordonnée en v du point focal f pour le domaine l est dans $l(v)$ alors, ni le délai de production ni le délai de dégradation ne sont nuls. En effet, $\delta^+_{v,k,\omega(l)}$ (resp. $\delta^-_{v,k,\omega(l)}$) mesure la durée entre le moment où une trajectoire entre dans un domaine par la face ayant la plus petite (resp. la plus grande) valeur de concentration en v et le moment où la coordonnée en v du point f est atteinte.

Dans la zone temporelle d'un sous-domaine, les composantes du vecteur vitesse peuvent prendre uniquement une des trois valeurs : 1, 0 ou -1. Par exemple, dans la Figure 4.2 page 62, la trajectoire linéaire horizontale correspond à une trajectoire temporelle dans la zone temporelle avec une vitesse égale à 1, les trajectoires dans le coin supérieur gauche du domaine (au-dessus de la ligne brisée) sont généralement approximées par deux segments :

un de direction $(1, -1)$ allant du point de départ à la ligne brisée horizontale et un autre segment horizontal de ce point de la ligne horizontale au point de sortie sur cette ligne brisée.

Nous remarquons que les trajectoires matérialisées dans le coin supérieur droit dans la Figure 4.2, sont approximées par un seul segment de direction $(1, -1)$. En effet, ce segment atteint une frontière du domaine avant d'atteindre la ligne horizontale. Ces trajectoires sont représentées dans la Figure 4.4. Finalement, nous remarquons que les trajectoires temporelles dans un sous-domaine sont toujours parallèles.

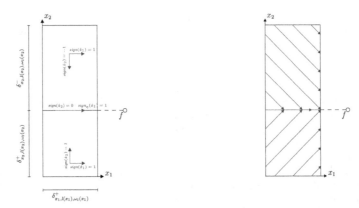

FIGURE 4.4 – Un domaine et son point focal f. Le domaine est décomposé en trois sous-domaines, dont les vecteurs d'évolution temporelle sont $(1, -1)$, $(1, 0)$ et $(1, 1)$. La figure gauche donne les vecteurs d'évolution temporelle et les délais du domaine, tandis que la figure droite montre quelques trajectoires temporelles.

La relation entre la Figure 4.2 et la Figure 4.4 n'est pas forcément évidente. Pour une variable donnée, la longueur des bords d'un sous-domaine représente le délai nécessaire pour atteindre le bord opposé. Ainsi, les paramètres de délais représentent à la fois l'inverse de la vitesse des concentrations des variables et la distance entre deux bords opposés et parallèles.

4.3 Sémantique

La Définition 26 page 60 donne la syntaxe d'un SGD, mais elle ne donne aucune indication sur la dynamique du modèle. Pour la dynamique, nous définissons les états d'un SGD. Ces états sont simplement des couples de coordonnées où la première coordonnée est le domaine (cf. Définition 12 page 34), et où la seconde coordonnée est un point dans la zone temporelle associée.

Définition 28 (État) *Étant donné un* SGD $\mathcal{N} = (X, L, K, D)$, *un état de* $\mathcal{N}$ *est un couple* $\eta = (l, \tau)$ *où :*
  – $l : X \to \mathbb{N}$ est un domaine de $\mathcal{N}$ (c'est-à-dire $l \in L$).

– $\tau : X \to \mathbb{R}^+$ est une fonction totale telle que pour toute variable $v \in X$:
$\tau(v) \leq \delta^+_{v,l(v),\omega_v(l)} + \delta^-_{v,l(v),\omega_v(l)}$
Le nombre réel $\tau(v)$ est appelé le délai résiduel de v au niveau de concentration $l(v)$.

Comme nous l'avons déjà mentionné, la zone temporelle permet de mesurer le temps écoulé dans un domaine. L'évolution dans le modèle est double :
– À l'intérieur d'un domaine, le point dans la zone temporelle évolue de façon *linéaire*, il mesure le temps passé dans le domaine dans une direction d'évolution donnée.
– Pour passer d'un domaine l à un autre, il est nécessaire que le point dans la zone temporelle atteigne un bord. Si le point atteint la face pour laquelle le délai résiduel $\tau(v)$ est nul, il y a une transition dans le système d'un domaine vers un autre domaine où le niveau de concentration $l(v)$ est décrémenté (voir le point A dans la Figure 4.1 page 61). Si le point atteint la face pour laquelle le délai résiduel $\tau(v)$ est égal à $\delta^+_{v,l(v),\omega_v(l)} + \delta^-_{v,l(v),\omega_v(l)}$ alors il y a une transition dans le système d'un domaine vers un autre domaine où le niveau de concentration $l(v)$ est incrémenté (voir le point B dans la Figure 4.1). La face de la zone temporelle qui est atteinte définie alors le nouveau domaine (accessible).

Dans l'espace temporel, les distances entre deux seuils d'une variable v peuvent différer pour un niveau de concentration identique de v. Par conséquent, pour conserver la corrélation entre espace temporel et espace de concentration, il est nécessaire de faire une transformation par homothétie quand une transition entre domaines a lieu. Maintenant, afin de définir la transition entre deux domaines, nous introduisons les définitions suivantes qui montrent la différence entre deux types de délais. Le premier est le temps nécessaire pour une variable afin que le système change de domaine : c'est le *délai de déplacement* (voir Figure 4.5). Cette définition n'est pas suffisante pour déterminer si une face de la zone temporelle est réellement atteignable ou si le domaine est quitté avant. Par conséquent, le *délai de traversée* est défini comme étant le temps passé dans le domaine.

Définition 29 (Delais de déplacement et de traversée) *Étant donné un état* $\eta = (l, \tau)$ *d'un* SGD $\mathcal{N}$,
– *le* délai de déplacement *d'une variable* v *est donné par la fonction* $\mu_\eta : X \to \mathbb{R}^+$ *définie par* $\mu_\eta(v) = |\delta^+_{v,l(v),\omega_v(l)} - \tau(v)|$.
– *le* délai naïf de traversée *d'une variable* v *est donné par la fonction* $\overline{\mu}_\eta : X \to \mathbb{R}^+ \cup \{\infty\}$ *définie par :*
  – *si* $K_{v,\omega_v(l)} = l(v)$ *alors* $\overline{\mu}_\eta(v) = \infty$
  – *sinon* $\overline{\mu}_\eta(v) = \mu_\eta(v)$.
  Notons que $\forall r \in \mathbb{R}^+$, $r < \infty$.
– *le* vrai délai de traversée *d'une variable* v *est donné par la fonction* $\bar{\bar{\mu}}_\eta : X \to \mathbb{R}^+ \cup \{\infty\}$ *définie par :*
  – *si* $(K_{v,\omega_v(l)} < l(v)$ *et* $K_{v,\omega_v(l^-)} > l(v) - 1)$ *ou si* $(K_{v,\omega_v(l)} > l(v)$ *et* $K_{v,\omega_v(l^+)} < l(v) + 1)$ *alors* $\bar{\bar{\mu}}_\eta(v) = \infty$,
  – *sinon* $\bar{\bar{\mu}}_\eta(v) = \bar{\mu}_\eta(v)$.
  où les domaines l^+ *et* l^- *sont tels que* $\forall i \neq v$, $l^+(i) = l^-(i) = l(i)$ *et* $l^+(v) - 1 = l^-(v) + 1 = l(v)$.

Le délai de déplacement d'une variable v est simplement le temps nécessaire pour cette variable afin qu'il y ait une transition dans le système du domaine courant vers un autre

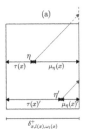 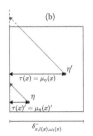 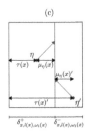

FIGURE 4.5 – Différents cas de délais de déplacement. **(a)** quand $l(x) < K_{x,\omega_l(x)}$ le délai de déplacement est $\delta^+_{x,l(x),\omega_l(x)} - \tau(x)$ dans la direction de x (horizontal). **(b)** quand $l(x) > K_{x,\omega_l(x)}$ le délai de déplacement est $\tau(x)$ dans la direction de x (horizontal). **(c)** quand $l(x) = K_{x,\omega_l(x)}$ le délai de déplacement est $|\delta^+_{x,l(x),\omega_l(x)} - \tau(x)|$ dans la direction de x (horizontal). De plus pour ce cas, le délai naïf de traversée est $\bar{\mu}_\eta(x) = \infty$.

domaine. Le délai naïf de traversée d'une variable v est infini quand la variable v ne peut pas être responsable de la sortie du domaine courant, puisque la coordonnée v du point focal ne permet pas de transition sortant du domaine *via* cette même variable v (voir Fig. 4.5-(c)). Finalement, le délai de traversée d'une variable v est infini quand la variable v est attirée en dehors du domaine courant d, mais qu'il n'est pas possible de sortir du domaine *via* v puisque, au-delà de la limite du domaine, cette variable est immédiatement attirée à nouveau dans le domaine d. Cette notion est présentée par [DGH$^+$04] sous l'appellation de mode glissant. Le délai naïf de traversée, ne tenant pas compte des modes glissants, nous pourrions alors nous retrouver dans une situation où le temps n'évolue plus dans le modèle avec une succession infinie de transitions d'un domaine à un autre. L'illustration d'une telle situation est donnée en Figure 4.6.

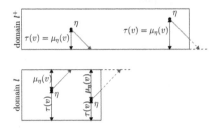

FIGURE 4.6 – Illustration de délais de traversée lorsque $\bar{\mu}_\eta(v) \neq \infty$ mais que $\bar{\bar{\mu}}_\eta(v) = \infty$ (l'axe de v est l'axe vertical).

Nous nous focalisons sur les évolutions temporelles dans un état courant au sein d'une zone temporelle associée à un domaine. Ces évolutions temporelles sont linéaires et leur directions sont données par la définition suivante :

Définition 30 (Dérivée discrète partielle) *Étant donné un domaine l d'un* SGD *$\mathcal{N}$, pour tout état $\eta = (l, \tau)$ et pour toute variable v, la dérivée discrète partielle de $\mathcal{N}$ en l pour la variable v, notée $\kappa_l(v)$, est définie par :*

- *si $l(v) < K_{v,\omega_l(v)}$ et $\bar{\bar{\mu}}_\eta(v) \neq \infty$ alors $\kappa_l(v) = 1$*
- *si $\bar{\bar{\mu}}_\eta(v) = \infty$ alors $\kappa_l(v) = 0$*
- *si $l(v) > K_{v,\omega_l(v)}$ et $\bar{\bar{\mu}}_\eta(v) \neq \infty$ alors $\kappa_l(v) = -1$*

Nous pouvons maintenant définir les états successeurs d'un état (voir la Figure 4.7) en utilisant la fonction *sign* telle que $sign(x) = 1$ si $x > 0$, $sign(x) = -1$ si $x < 0$ et $sign(x) = 0$ si $x = 0$.

Définition 31 (Successeur et temps de transition entre deux états) *Un état $\eta' = (l', \tau')$ d'un* SGD *$\mathcal{N}$ est un état successeur de l'état $\eta = (l, \tau)$ s'il existe une variable $x \in X$ telle que :*

1. $\forall y \in X, \ \bar{\bar{\mu}}_\eta(x) \leq \bar{\bar{\mu}}_\eta(y)$,

2. $l'(x) = l(x) + \kappa_l(x)$,

3. $\forall y \in X, \ y \neq x \Rightarrow l'(y) = l(y)$,

4. $\kappa_l(x) = 1 \Rightarrow \tau'(x) = 0$,

5. $\kappa_l(x) = -1 \Rightarrow \tau'(x) = \delta^+_{x,l'(x),\omega_x(l')} + \delta^-_{x,l'(x),\omega_x(l')}$,

6. $\forall y \in X$ *tel que* $y \neq x$ *et* $\kappa_l(y) \neq 0$,
$$\kappa_l(x) \neq 0 \Rightarrow \tau'(y) = \frac{\left(\tau(y) + sign(\delta^+_{y,l(y),\omega_y(l)} - \tau(y)) \times \mu_\eta(x)\right) \times \left(\delta^+_{y,l'(y),\omega_y(l')} + \delta^-_{y,l'(y),\omega_y(l')}\right)}{\delta^+_{y,l(y),\omega_y(l)} + \delta^-_{y,l(y),\omega_y(l)}},$$

7. $\forall y \in X$ *tel que* $y \neq x$ *et* $\kappa_l(y) = 0$,
$$\kappa_l(x) \neq 0 \Rightarrow \tau'(y) = \frac{\left(\tau(y) + sign(\delta^+_{y,l(y),\omega_y(l)} - \tau(y)) \times \min(\mu_\eta(x),\mu_\eta(y))\right) \times \left(\delta^+_{y,l'(y),\omega_y(l')} + \delta^-_{y,l'(y),\omega_y(l')}\right)}{\delta^+_{y,l(y),\omega_y(l)} + \delta^-_{y,l(y),\omega_y(l)}},$$

8. $\kappa_l(x) = 0 \Rightarrow \left(\forall y \in X, \ \tau'(y) = \delta^+_{y,l(y),\omega_y(l)}\right)$.

Le temps de transition entre deux états η et η', noté $\zeta(\eta, \eta')$, est obtenu de la façon suivante :

- *Si $\kappa_l(x) \neq 0$, alors $\zeta(\eta, \eta') = \mu_\eta(x)$.*
- *Si $\kappa_l(x) = 0$, alors $\zeta(\eta, \eta') = \min_{v \in X}(\mu_\eta(v))$.*

Notons que dans le point (6) de la définition précédente, le calcul du délai résiduel pour y dépend du signe de $(\delta^+_{y,l(y),\omega_l(y)} - \tau(y))$. En effet, si $\delta^+_{y,l(y),\omega_l(y)} < \tau(y)$ (resp. $\delta^+_{y,l(y),\omega_l(y)} > \tau(y)$), alors la coordonnée $\tau(y)$ décroît (resp. croît) vers $\delta^+_{y,l(y),\omega_l(y)}$.

La définition précédente traite les deux cas suivants :

1. Le premier cas à considérer est le cas où un domaine contient son point focal (voir Figure 4.7 à gauche). Dans un tel cas, la trajectoire temporelle ne sort pas du domaine : tous les délais de traversée sont égaux à $+\infty$, et chaque dérivée discrète partielle est nulle. Par conséquent, nous pouvons prendre pour x tout élément de X (voir le point (1)). Les points (2) et (3) impliquent que $l' = l$. Finalement, le point (8) donne les coordonnées temporelles du point focal. Le temps de transition est alors le temps nécessaire pour que chaque variable y atteigne la coordonnée f_y du point focal.

2. Nous considérons maintenant le cas d'un domaine qui ne contient pas son point focal (voir Figure 4.7 à droite). Chaque trajectoire temporelle sort du domaine en passant par un seuil de l'axe v. Cette variable v est celle qui a le délai de traversée *non infini* le plus petit (voir le point (1)). Les points (2) et (3) impliquent que l' diffère de l sur une seule coordonnée. Les points (4) et (5) mettent à zéro le *délai résiduel* associé à v tandis que les points (6) et (7) calculent les nouveaux délais résiduels associés aux autres variables (cette expression vient de la transformation par homothétie). Le temps de transition est alors le temps pour atteindre la face de la zone temporelle qui est lui-même le délai de déplacement.

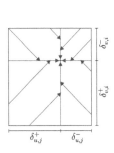
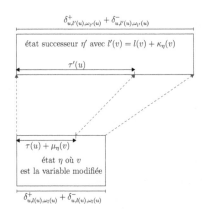

FIGURE 4.7 – Illustration de la Définition 31. **À gauche :** le domaine contient son point focal et tous les délais de traversée sont infinis. **À droite :** le domaine ne contient pas son point focal.

Définition 32 (Espace d'états) *L'espace d'états d'un RND $\mathcal{N}$ est le graphe dirigé (infini) $S_{\mathcal{N}}$, où les sommets sont les états de $\mathcal{N}$ et les arêtes sont des couples (η, η') tels que η' est un successeur de η. Étant donné une trajectoire $p = \eta_0 \eta_1 \eta_2 \cdots \eta_n$, le temps de traversée de p est défini comme $\tau(p) = \sum_{i=1}^{n} \tau(\eta_{i-1}, \eta_i)$.*

Notons que les transitions entre domaines sont les transitions de la dynamique discrète dans le formalisme de R. Thomas.

4.4 Spécifications et propriétés sur les paramètres temporels

En général, lors de la modélisation d'un réseau de régulation génétique, nous avons seulement des connaissances partielles sur la forme des fonctions de régulation (r_{ij}). Les paramètres cinétiques du système PLDE sont inconnus. Le point clef du processus de modélisation réside donc dans l'identification de ces paramètres cinétiques. La section 3.5 (page 40) présente, dans un contexte de modélisation purement discret, une méthode d'aide à la décision que nous avons mise en place afin d'aider dans cette tâche. Pour cela, cette méthode utilise des techniques de programmation par contraintes afin de calculer les valeurs (ou des intervalles de valeurs) des paramètres qui mènent à des dynamiques cohérentes avec les propriétés comportementales connues du système biologique. Dans notre contexte de modélisation hybride, même si les paramètres qualitatifs ($K_{x,\omega}$) sont supposés être connus (ou déduits à partir d'une approche d'aide à la décision), il reste à déterminer si les valeurs des délais de production/dégradation sont bien en accord avec les propriétés connues du système étudié.

De nouveau, nous commençons avec quelques connaissances sur la dynamique du système biologique étudié. En général, ces connaissances viennent des observations expérimentales qui sont exprimées sous la forme de chemins dans le système de transitions discret. Ces chemins constituent les *spécifications du système* puisqu'ils déterminent l'ensemble des modèles que l'on doit considérer. Cette section montre comment ces spécifications construisent les modèles et plus précisément, comment constituer un système de contraintes sur les paramètres.

4.4.1   Contraintes structurelles

Les premières contraintes qui vont être décrites sont nommées *contraintes structurelles* puisqu'elles correspondent à la connaissance émergeant de la structure de régulation du système (r_{ij} et r_i). Par exemple, dans la Figure 4.8, il y a deux domaines l et l' ayant le même niveau de concentration pour une variable i. Ces deux domaines sont donc bornés par les mêmes seuils t_i et t'_i sur l'axe de la variable i. De plus, nous supposons que les ressources pour la variable i sont les mêmes dans les deux domaines. Alors, les coordonnées en i des deux points focaux sont égaux. Par conséquent, les paramètres cinétiques sont identiques et les délais de i pour ces deux domaines dans la modélisation hybride sont également identiques.

FIGURE 4.8 – Deux domaines l et l' ayant le même niveau de concentration pour une variable i et le même ensemble de ressources ω_i. Par conséquent, les coordonnées en i des deux points focaux sont égales et les distances qui séparent les domaines de leur point focal sont égales sur l'axe i. Ceci implique que les délais de i pour ces domaines doivent être égaux.

Contrainte structurelle 1 (SC_α) *Lorsque deux domaines l et l' ont, pour une variable i quelconque, le même niveau de concentration et, le même ensemble de ressources ω_i, alors les délais associés à cette variable dans ces domaines sont égaux :*
- $\delta^+_{i,l(i),\omega_i} = \delta^+_{i,l'(i),\omega_i}$ *et*
- $\delta^-_{i,l(i),\omega_i} = \delta^-_{i,l'(i),\omega_i}$.

Deux autres contraintes structurelles peuvent aussi être déduites à partir de la position des points focaux (voir la Figure 4.9 et la Figure 4.10).

La Figure 4.9 met l'accent sur la seconde contrainte. Dans la figure de gauche, il y a un domaine pour lequel le point focal a une coordonnée nulle en i. Si r_i n'a pas d'effet, c'est-à-dire si son paramètre cinétique k_i dans l'équation (3.4) du système PLDE est nul, alors la coordonée en i est nulle pour le point focal d'un domaine ayant sont ensemble de ressources vide. Par conséquant, pour le domaine dont la coordonnée en i est nulle ($c.$-à-d. $l(i) = 0$), nous avons $\delta^+_{i,0,\emptyset} = 0$ bien que, en ce qui concerne i, le point focal soit dans le domaine. De façon similaire, dans la Figure 4.9 à droite, nous considérons un domaine pour lequel la concentration de la variable i ne peut pas diminuer.

FIGURE 4.9 – **À gauche :** un domaine dans lequel le niveau de concentration $l(i)$ est zéro et le point focal est nul pour sa coordonnée en i. **À droite :** un domaine pour lequel le niveau de concentration $l(i)$ et la coordonnée en i du point focal sont différents : $f_i \neq l(i)$.

Pour récapituler, si la coordonnée en i du point focal est plus petite (respectivement plus grande) que le niveau de concentration en i, nous obtenons les contraintes suivantes :

Contrainte structurelle 2 (SC_β) *Soit l un domaine, i une variable et $K_{i,\omega_i(l)}$ son paramètre discret associé,*
- *si $k_i = 0$ (k_i étant un paramètre cinétique du système PLDE, voir l'équation (3.4), page 32) et si $\omega_i(l) = \emptyset$, alors $\delta^+_{i,l(i),\emptyset} = 0$.*
- *si $\kappa_l(i) = 1$ ($\kappa_l(i)$ étant la dérivée discrète partielle de i dans l (voir la Définition 30, page 66), alors $\delta^-_{i,l(i),\omega_i(l)} = 0$.*
- *si $\kappa_l(i) = -1$, alors $\delta^+_{i,l(i),\omega_i(l)} = 0$.*

Finalement, la dernière contrainte structurelle mène à une comparaison entre les vitesses d'évolution d'une variable i dans deux domaines pour lesquels la coordonnée en i des points focaux ne sont pas dans le même intervalle discret (cf. Figure 4.10). Nous rappelons d'abord que la solution analytique d'un système PLDE pour un domaine donné l, est :

$$x_i(t) = \phi_i(x^0) - (\phi_i(x^0) - x^0)e^{-\gamma_i t}$$

où x^0 est l'état initial d'une trajectoire, et où $\phi_i(x^0)$ est la coordonnée en i du point focal associé au domaine de x^0. La dérivée pour la concentration instantanée de la variable i est donc :

$$\dot{x}_i(t) = \gamma_i(\phi_i(x^0) - x_i^0)e^{-\gamma_i t}.$$

La valeur absolue de cette dérivée dépend linéairement, pour un temps donné, de la distance entre le point focal et l'état continu courant. À partir de cette observation, nous

FIGURE 4.10 – Deux domaines avec le même niveau de concentration $l(i)$ pour une variable i. Si la coordonnée en i des points focaux ne sont pas sur le même intervalle discret, nous obtenons la relation entre les délais de i associés aux domaines : $\delta^{\alpha}_{i,l(i),\omega_i(l)} < \delta^{\alpha}_{i,l'(i),\omega_i(l')}$.

savons que plus la coordonnée en i du point focal est loin de l'état continu courant, plus la dérivée en i est grande et donc plus le délai de i associé au domaine est petit.

Les définitions suivantes résument ces observations :

Contrainte structurelle 3 (SC_γ) *Soit l et l' deux domaines avec le même niveau de concentration pour i (c.-à-d. $l(i) = l'(i)$) et les mêmes coordonnées en i pour leur point focal ($K_{i,\omega_i(l)} = K_{i,\omega_i(l')}$). Alors nous avons :*
  - *si $K_{i,\omega_i(l)} > K_{i,\omega_i(l')} > l_i$, alors $\delta^{+}_{i,l(i),\omega_i(l)} < \delta^{+}_{i,l'(i),\omega_i(l')}$.*
  - *si $K_{i,\omega_i(l)} < K_{i,\omega_i(l')} < l_i$, alors $\delta^{-}_{i,l(i),\omega_i(l)} < \delta^{-}_{i,l'(i),\omega_i(l')}$.*

Exemple courant : Les contraintes structurelles suivantes sont observables dans la Figure 4.1 page 61 :
1. Il y a trois contraintes structurelles de type SC_α :
   - Les délais de production de y dans $(1,1)$ et dans $(2,1)$ sont les mêmes : $\delta^{+}_{y,1,\{x\}}$.
   - Les délais de dégradation de y dans $(1,1)$ et dans $(2,1)$ sont les mêmes : $\delta^{-}_{y,1,\{x\}}$.
   - Les délais de production de y dans $(1,0)$ et dans $(2,0)$ sont les mêmes : $\delta^{+}_{y,0,\{x\}}$.
2. Avec les contraintes structurelles de type SC_β, nous savons que dans le domaine $(0,0)$, le délai $\delta^{+}_{y,0,\emptyset}$ est nul. Il en est de même pour les délais $\delta^{-}_{x,0,\{y\}}$, $\delta^{+}_{x,1,\emptyset}$, $\delta^{-}_{x,1,\{y\}}$, $\delta^{-}_{y,0,\{x\}}$ et $\delta^{+}_{y,1,\emptyset}$.
3. Les contraintes structurelles de type SC_γ ne s'appliquent pas ici.

4.4.2 Contraintes d'après une spécification

Contraintes de transition

La seconde famille de contraintes, nommée *contraintes de transition* exprime en termes de délais, l'existence d'une trajectoire temporelle qui traverse complétement un domaine (voir la Figure 4.11). Dans un premier temps, nous allons expliquer ce qu'est un *chemin correct*.

Notation 5 (Chemin correct) *Un chemin c est correct s'il existe au moins une trajectoire temporelle entrant successivement dans chaque domaine associé aux états discrets du chemin c, tout en respectant l'ordre de séquence des états discrets. L'ensemble des trajectoires temporelles associées à ce chemin correct est noté $\mathcal{T}_c$.*

Nous utilisons également la notation suivante :

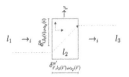

FIGURE 4.11 – Évolution des concentrations dans le domaine l_2 avec la contrainte de transition $\delta^{\alpha}_{i,l_2(i),\omega_i(l_2)} < \delta^{\alpha'}_{i',l_2(i')\omega_{i'}(l_2)}$ pour que le chemin $l_1 \rightarrow_i l_2 \rightarrow_i l_3$ soit un chemin correct.

Notation 6 (i-transition) *Une i-transition est une transition causée par la traversée d'un seuil de la variable i. Une i-transition est notée $\rightarrow_i$.*

Lemme 1 (Contrainte de transition (TC)) *Soit $l_0 \rightarrow_i l_1 \rightarrow_i l_2$ un chemin tel que $l_0(i) \neq l_2(i)$ et tel que l_1 a également une i'-transition sortante où $i' \neq i$. Soient $\delta^{\alpha}_{i,l_2(i),\omega_i(l_2)}$ et $\delta^{\alpha'}_{i',l_2(i'),\omega_{i'}(l_2)}$ les délais associés aux variables i et i' dans l_1 ($\alpha, \alpha' \in \{+, -\}$). Si le chemin $l_0 \rightarrow_i l_1 \rightarrow_i l_2$ est un chemin correct, l'inéquation suivante est respectée :*

$$\delta^{\alpha}_{i,l_2(i),\omega_i(l_2)} < \delta^{\alpha'}_{i',l_2(i'),\omega_{i'}(l_2)}.$$

Preuve 1 *Si le chemin $l_0 \rightarrow_i l_1 \rightarrow_i l_2$ est correct, le délai associé à i dans l_1 doit au moins être plus petit que le délai associé à i'. Sinon, les trajectoires temporelles venant de l_0 à travers la i-transition sortiraient inévitablement de l_1 par la i'-transition.* $\square$

Exemple courant : Le lemme 1 donne une contrainte uniquement pour le chemin de la forme $(0,0) \rightarrow_x (1,0) \rightarrow_x (2,0)$ (voir la Figure 4.1 page 61). Cette contrainte est $\delta^{+}_{x,1,\{y\}} < \delta^{+}_{y,0,\{x\}}$.

Contraintes de transitions cumulées

Les *contraintes de transitions cumulées* sont une généralisation des contraintes de transitions : elles expriment en termes de délais qu'un chemin de longueur non borné est un chemin correct, c'est-à-dire qu'il existe une trajectoire temporelle allant successivement dans chaque domaine associé aux états discrets du chemin correct, tout en préservant l'ordre de la séquence des états discrets.

Nous considérons ici un chemin de longueur 3 : $l_0 \rightarrow_{i_0} l_1 \rightarrow_{i_1} l_2$ avec $l_0 \neq l_2$ (d'après la Définition 29 page 65, le cas $l_0 = l_2$ n'est pas possible). Il est ensuite facile, de mettre en place des contraintes de transitions cumulées pour des chemins plus long : elles sont simplement la conjonction de contraintes de transitions cumulées pour des sous-chemins de longueur 3 : $l_k \rightarrow_i l_{k+1} \rightarrow_{i'} l_{k+2}$ avec $l_k \neq l_{k+2}$. Si $\mathcal{C}_k$ est la contrainte pour le sous-chemin $l_{k-1} \rightarrow_i l_k \rightarrow_{i'} l_{k+1}$, la contrainte pour le chemin $l_0 \rightarrow_{i_0} l_1 \cdots \rightarrow_{i_l} l_{l+1}$ est donnée par :

$$\mathcal{C} = \bigwedge_{k=1}^{l} \mathcal{C}_k \tag{4.1}$$

Afin de trouver les contraintes de transitions cumulées $\mathcal{C}_1$ pour le chemin $l_0 \rightarrow_{i_0} l_1 \rightarrow_{i_1} l_2$, nous regardons la face entrante et la face sortante de la trajectoire temporelle dans le domaine l_1 (il n'est pas permis pour une trajectoire temporelle que la face entrante soit également la face sortante dans le domaine, voir la Définition 29 page 65).

Soient $\eta_1 = (l_1, \tau_1)$ l'état entrant et $\eta_2 = (l_1, \tau_2)$ l'état sortant de la trajectoire temporelle dans la zone temporelle de l_1. L'état entrant pour l_2 est calculé en deux étapes. La première étape calcule l'état sortant de l_1 et la seconde étape donne l'état entrant en l_2. Ces étapes viennent de la définition de l'état successeur en section 4.3.

Évidemment, plusieurs cas peuvent survenir en étudiant les positions du point d'entrée de l_1 et respectivement les positions du point de sortie de l_1 le long de la trajectoire temporelle. Pour étudier ces différents cas, nous utilisons trois variables : i_0, i_1 dont la valeur $\tau(i_1)$ est réinitialisée sur la i_1-transition et i_1' qui peut être n'importe quelle variable (celle-ci peut même être égale à i_1). Deux délais sont alors également utilisés : $\delta^+_{i_1, l_1(i_1), \omega_{l_1}(i_1)}$ est le délai de production de i_1 dans l_1 et $\delta^+_{i_1', l_1(i_1'), \omega_{l_1}(i_1')}$ est le délai de production de i_1' dans l_1. Pour une plus grande lisibilité, nous abrégeons ces deux paramètres de délais respectivement en $\delta^+_{i_1}$ et $\delta^+_{i_1'}$. De plus, nous rappelons que $\kappa_l(i)$ est la dérivée discrète partielle de i dans l (voir la Définition 30, page 66).

1. **Cas** $i_1' = i_1$.
   (a) si $\kappa_{l_1}(i_1) = 1$, alors $\tau_2(i_1) = \delta^+_{i_1}$.
   (b) si $\kappa_{l_1}(i_1) = -1$, alors $\tau_2(i_1) = 0$.

2. **Cas** $i_1' \neq i_1$ et il existe une i_1'-transition sortante partant de l_1. Alors la concentration en i_1' varie jusqu'à ce que la i_1-transition ait lieu. Il y a quatre sous-cas différents correspondant à ce schéma.

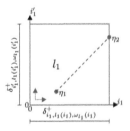

FIGURE 4.12 – Projection dans le plan (i_1, i_1') du domaine l_1 où une i_1'-transition est possible. η_1 est un état entrant possible (via une z-transition où z est différent de i_1 et i_1'). Notons que si $i_1' \neq i_0$, alors la projection orthogonale de l'état entrant dans le plan (i_1, i_1') peut être n'importe où.

   (a) $\kappa_{l_1}(i_1) = 1$ et $\kappa_{l_1}(i_1') = 1$ (voir la Figure 4.12). Toutes les trajectoires temporelles dans le domaine ne permettent pas nécessairement la i_1-transition. De là, la contrainte suivante survient :
   $$\tau_1(i_1') + (\delta^+_{i_1} - \tau_1(i_1)) < \delta^+_{i_1'}$$
   (b) $\kappa_{l_1}(i_1) = 1$ et $\kappa_{l_1}(i_1') = -1$, voir annexe .2.3 page 97.
   (c) $\kappa_{l_1}(i_1) = -1$ et $\kappa_{l_1}(i_1') = 1$, voir annexe .2.3 page 97.

(d) $\kappa_{l_1}(i_1) = -1$ et $\kappa_{l_1}(i_1') = -1$, voir annexe .2.3 page 97.

3. **Cas** $i_1' \neq i_1$ et il n'y a pas de i_1'-transition sortante à partir de l_1.

    (a) Si $i_1' \neq i_0$, alors la projection orthogonale de l'état entrant dans le plan (i_0, i_1) peut être n'importe où dans le domaine. Il y a deux sous-cas différents correspondant à ce schéma.

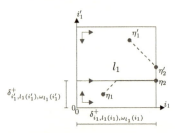

FIGURE 4.13 – Projection dans le plan (i_1, i_1') du domaine l_1 où il n'y a pas de i_1'-transition. η_1 et η_1' sont deux états entrant possibles.

    i. sous-cas où $\kappa_{l_1}(i_1) = 1$ (voir la Figure 4.13).

        Dans le schéma de la Figure 4.13, Les deux trajectoires temporelles dessinées rendent la i_1-transition possible. Mais les directions des trajectoires temporelles différent sur l'axe i_1' en fonction du sous-domaine traversé. En effet, $sign(\dot{\eta}_{i'})$ peut avoir les valeurs -1, 0 ou 1.

        Pour l'état η_1 de la Figure 4.13, nous obtenons l'inégalité $\tau_1(i_1') < \delta_{i_1'}^+$, qui signifie soit que i_1' va augmenter jusqu'à atteindre $\delta_{i_1'}^+$ et alors il ne variera plus jusqu'à ce que la i_1-transition ait lieu, soit que la i_1-transition aura lieu avant que i_1' atteigne le sous-domaine voisin. Pour le dernier cas, en atteignant le seuil de i_1, nous avons $\tau_2(i_1') = \tau_1(i_1') + (\delta_{i_1}^+ - \tau_1(i_1))$.

        Il est donc possible de définir $\tau_2(i_1')$ comme une fonction de $\tau_1(i_1')$:

        – $\tau_1(i_1') \geq \delta_{i_1'}^+ \Leftrightarrow \tau_2(i_1') = \max(\delta_{i_1'}^+, \tau_1(i_1') - (\delta_{i_1}^+ - \tau_1(i_1)))$.

        – $\tau_1(i_1') < \delta_{i_1'}^+ \Leftrightarrow \tau_2(i_1') = \min(\delta_{i_1'}^+, \tau_1(i_1') + (\delta_{i_1}^+ - \tau_1(i_1)))$.

    ii. sous-cas où $\kappa_{l_1}(i_1) = -1$. Ce sous-cas est étudié de façon similaire, voir le tableau dans l'annexe .2.3.

    (b) Si $i_1' = i_0$ et $\bar{\bar{\mu}}_{\eta_1}(i_1') = \infty$, alors nous en déduisons qu'il y a un sous-domaine tel que $sign(\dot{x}_{i'}) \neq 0$ et qui n'est pas atteignable (voir la Figure 4.14). Nous notons que dans le cas particulier où $\bar{\mu}_{\eta_1}(i_1') = \infty$ et $\bar{\mu}_{\eta_1}(i_1') \neq \infty$ alors le sous-domaine non atteignable a un volume nul. Quatres cas différents correspondant à ce schéma doivent encore être étudiés et le premier cas détaillé est illustré par la Figure 4.14.

        i. $\kappa_{l_1}(i_1) = 1$ et le sous-domaine où $sign(\dot{x}_{i'}) = 1$ est le sous-domaine atteignable (voir la Figure 4.14). Toutes les trajectoires temporelles permettent la i_1-transition. Si le sous-domaine où $sign(\dot{x}_{i'}) = 0$ est atteignable à partir

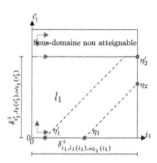

FIGURE 4.14 – Projection dans le plan (i_1, i_1') du domaine l_1. η_1 et η_1' sont deux états entrant possibles.

de l'état entrant, alors l'état sortant peut avoir une coordonnée en i_1' égale à $\delta_{i_1'}^+$. Cela mène à la contrainte suivante :

$$\tau_2(i_1') = \min(\delta_{i_1'}^+, \tau_1(i_1') + (\delta_{i_1}^+ - \tau_1(i_1)))$$

ii. $\kappa_{l_1}(i_1) = 1$ et le sous-domaine où $sign(\dot{x}_{i_1'}) = -1$ est le sous-domaine atteignable. Voir l'annexe .2.3.

iii. $\kappa_{l_1}(i_1) = -1$ et le sous-domaine où $sign(\dot{x}_{i_1'}) = 1$ est le sous-domaine atteignable. Voir l'annexe .2.3.

iv. $\kappa_{l_1}(i_1) = -1$ et le sous-domaine où $sign(\dot{x}_{i_1'}) = -1$ est le sous-domaine atteignable. Voir l'annexe .2.3.

Exemple courant : Le chemin $(0,0) \to_x (1,0) \to_x (2,0)$ (voir la Figure 4.1 page 61) donne la même contrainte de transitions culumées que la contrainte de transition (c'est-à-dire $\delta_{x,1,\{y\}}^+ < \delta_{y,0,\{x\}}^+$). Néanmoins, avec les contraintes de transitions cumulées, plus le chemin spécifié est grand (atteignabilité du domaine $(2,1)$), plus la contrainte pour la transition $(1,0) \to (2,0)$ est forte.

Le cas particulier des cycles

Les *contraintes de cycle* s'occupent des conditions nécessaires pour que des trajectoires temporelles cycliques (constituées d'états successifs continus) puissent exister sur un chemin cyclique (constitué de domaines successifs). Un chemin cyclique est correct s'il existe au moins une trajectoire temporelle cylique. Dans une trajectoire temporelle cyclique, chaque état de la trajectoire temporelle est atteignable une infinité de fois, et cela de façon périodique. Ici, nous adoptons la même procédure que pour les contraintes de transitions cumulées.

Soit l_1 un domaine d'un chemin cyclique correct $l_0 \to_{i_0} l_1 \to_{i_1} l_2 \to_{i_2} \cdots \to_{i_{k-1}} l_k \to_{i_k}$ l_0 avec $\forall j \in [0, k-2]$, $l_j \neq l_{j+2}$ et tel que $l_{k-1} \neq l_0$ et $l_k \neq l_1$. Sous quelles conditions une trajectoire temporelle commençant à l'état initial $\eta_1 = (l_1, \tau_1)$ (η_1 étant atteint après la transition $l_0 \rightarrow_{i_0} l_1$) est-elle cyclique ? L'état initial η_1 est contraint par les conditions suivantes :

$$\forall i, \tau_1(i) \in [0, \delta^+_{i,l_1(i),\omega_{l_1}(i)} + \delta^-_{i,l_1(i),\omega_{l_1}(i)}]$$

où $\delta^+_{i,l_1(i),\omega_{l_1}(i)}$ et $\delta^-_{i,l_1(i),\omega_{l_1}(i)}$ sont respectivement le délai de production et le délai de dégradation de i dans l_1.

De la même façon que pour les contraintes de transitions cumulées, nous calculons l'état entrant et l'état sortant de chaque domaine à partir de l'état initial η_1. Finalement, pour terminer le cycle, l'état η_1 est lui-même défini à partir de l'état entrant $\eta_0 = (l_0, d_0)$ dans l_0 qui est calculé à partir de l'état sortant du dernier domaine. À la fin, nous obtenons k équations définissant k paramètres inconnus. De là, il est possible de découvrir s'il existe un état η_1 sur une trajectoire temporelle cyclique.

Exemple courant : Pour l'étude du cycle $(0,0) \rightarrow (1,0) \rightarrow (1,1) \rightarrow (0,1) \rightarrow (0,0)$ (voir la Figure 4.1 page 61), nous considérons les états entrants $\eta = ((0,0), \tau_0)$, $((1,0), \tau_1)$, $((1,1), \tau_2)$, $((0,1), \tau_3)$ et les états sortants $((0,0), \tau'_0)$, $((1,0), \tau'_1)$, $((1,1), \tau'_2)$, $((0,1), \tau'_3)$. Pour qu'une trajectoire temporelle cyclique existe dans ce chemin cyclique, il est nécessaire que $\tau'_1(x) < \delta^+_{x,1,\{y\}}$ (la trajectoire temporelle doit rester dans le chemin cyclique) et il doit exister un état η tel que $\tau_0(x) \in [0, \delta^+_{x,0,\{y\}}]$ satisfasse les équations du Tableau 4.1.

En fixant arbitrairement une partie des paramètres temporels, il est possible d'obtenir

$\tau_1(x) = 0$	$\tau'_0(x) = \delta^+_{x,0,\{y\}}$
$\tau_1(y) = \tau'_0(y) \dfrac{\delta^+_{y,0,\{x\}}}{\delta^+_{y,0,\emptyset}}$	$\tau'_0(y) = \max(0, \tau_0(y) - \delta^+_{x,0,\{y\}} + \tau_0(x))$
$\tau_2(x) = \tau'_1(x) \dfrac{\delta^+_{x,1,\emptyset}}{\delta^+_{x,1,\{y\}}}$	$\tau'_1(x) = \delta^+_{y,0,\{x\}} - \tau_1(y)$
$\tau_2(y) = 0$	$\tau'_1(y) = \delta^+_{y,0,\{x\}}$
$\tau_3(x) = \delta^+_{x,0,\emptyset} + \delta^-_{x,0,\emptyset}$	$\tau'_2(x) = 0$
$\tau_3(y) = \tau'_2(y) \dfrac{\delta^-_{y,1,\emptyset}}{\delta^+_{y,1,\{x\}} + \delta^-_{y,1,\{x\}}}$	$\tau'_2(y) = \min(\delta^+_{y,1,\{x\}}, \tau_2(x))$
$\tau_0(x) = \tau'_3(x) \dfrac{\delta^+_{x,0,\{y\}}}{\delta^+_{x,0,\emptyset} + \delta^-_{x,0,\emptyset}}$	$\tau'_3(x) = \max(\delta^+_{x,0,\emptyset}, \tau_3(x) - \tau_3(y))$
$\tau_0(y) = \delta^-_{y,0,\emptyset}$	$\tau'_3(y) = 0$

TABLE 4.1 – Équations pour l'existence d'une trajectoire temporelle cyclique dans le chemin cyclique $(0,0) \rightarrow (1,0) \rightarrow (1,1) \rightarrow (0,1) \rightarrow (0,0)$. Dans la première ligne, nous décrivons les équations pour τ_0 et τ_1. Nous notons que les valeurs de $\tau'_0(x)$ et de $\tau_1(x)$ sont les valeurs limites qui représentent le délai pour l'état entrant et pour l'état sortant de la transition discrète $(0,0) \rightarrow (1,0)$. $\tau_1(y)$ est calculé à partir de $\tau'_0(y)$ qui est sujet à une transformation par homothétie. $\tau'_0(y)$ est calculé à partir de τ_0, et la coordonée en y de la trajectoire temporelle est bornée par 0 d'après le domaine $(0,0)$.

quelques propriétés. Par exemple, si nous fixons les délais des domaines $(0,0)$, $(1,1)$ et $(0,1)$ comme dans la Figure 4.15 :

- $\delta^+_{x,0,\{y\}} = \delta^-_{y,0,\emptyset} = 2$ pour le domaine $(0,0)$,
- $\delta^+_{x,0,\emptyset} = \delta^-_{x,0,\emptyset} = \delta^-_{y,1,\emptyset} = 1.5$ pour le domaine $(0,1)$ et
- $\delta^-_{x,1,\emptyset} = \delta^-_{y,1,\{x\}} = \delta^+_{y,1,\{x\}} = 1.5$ pour le domaine $(1,1)$.

Alors les propriétés suivantes doivent être vérifiées par les délais du domaine $(1,0)$.

- $\tau_0'(y) = \max(0, \tau_3'(x) \times \frac{2}{3})$
- $\tau_1'(x) = \delta_{y,0,\{x\}}^+ - \tau_0'(y) \times \frac{\delta_{y,0,\{x\}}^+}{2}$
- $\tau_2'(y) = \min(1.5, \tau_1'(x) \times \frac{1.5}{\delta_{x,1,\{y\}}^+})$
- $\tau_3'(x) = \max(1.5, 3 - \tau_2'(y) \times \frac{1.5}{3})$

En supposant initialement que $\tau_2'(y) = 1.5$, nous en déduisons que $\tau_3'(x) = 2.25$ et que $\tau_0'(y) = 1.5$. En d'autres termes, nous devons résoudre l'inéquation : $1.5 = \frac{1.5 \times \delta_{y,0,\{x\}}^+}{4 \times \delta_{x,1,\{y\}}^+}$. Comme c'est la relation entre $\delta_{y,0,\{x\}}^+$ et $\delta_{x,1,\{y\}}^+$, qui rend les trajectoires temporelles cycliques possibles, nous en déduisons l'existence de cycles lorsque $\delta_{y,0,\{x\}}^+ = 4 \times \delta_{x,1,\{y\}}^+$.

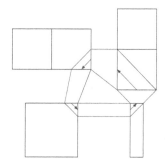

FIGURE 4.15 – Exemple pour l'existence d'une trajectoire temporelle cyclique dans le chemin cyclique $(0,0) \to (1,0) \to (1,1) \to (0,1) \to (0,0)$ avec $\delta_{y,0,\{x\}}^+ = 4 \times \delta_{x,1,\{y\}}^+$.

Traitement de cycle discret. Les cycles discrets peuvent être l'abstraction de plusieurs comportement différents : des ensembles de trajectoires temporelles cycliques, des spirales convergentes, des spirales divergentes, des cycles limites, etc. Par conséquent, il est intéressant de connaître plus précisément ces comportements dans la modélisation hybride. Le cycle discret de *Pseudomonas aeruginosa* – $(0,0) \to (1,0) \to (1,1) \to (0,1) \to (0,0)$ – est toujours effectif puisqu'il n'existe pas de contraintes associées aux transitions cumulées. D'après la modélisation hybride, ce cycle discret peut représenter soit :

- Un ensemble de spirales convergentes (voir (α) dans la Fig. 4.16) ou,
- Un ensemble de trajectoires temporelles cycliques qui forment un tore (voir la Fig. 4.17) ou,
- Un ensemble de spirales divergentes (voir la Fig. 4.18) ou encore,
- Un cycle limite, qui est un tore de volume nul formé par une unique trajectoire temporelle cyclique (voir la Fig. 4.19).

En fonction de certaines valeurs connues de paramètres, il est possible de connaître les contraintes qui permettent d'obtenir effectivement l'existence de certains de ces comportements caractéristiques ou leur exclusion.

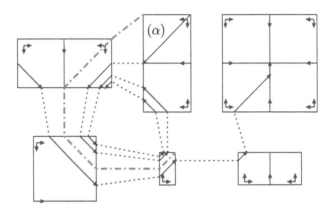

FIGURE 4.16 – Dynamiques hybrides avec des spirales convergentes. La ligne rouge épaisse et brisée détermine la frontière entre la divergence vers l'état discret $(2, 1)$ et la convergence.

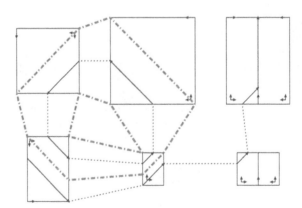

FIGURE 4.17 – Dynamiques hybrides avec un tore (ensemble de trajectoires temporelles cycliques) et sa bordure représentée par les lignes brisées épaisses et rouges.

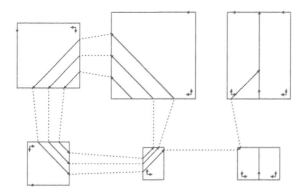

FIGURE 4.18 – Dynamiques hybrides avec des spirales divergentes.

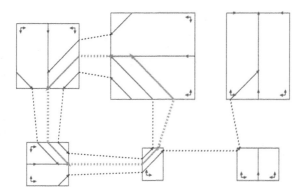

FIGURE 4.19 – Dynamiques hybrides avec un cycle limite (représenté par la ligne épaisse et rouge).

4.5   Conclusion

Nous avons développé une nouvelle modélisation hybride pour les réseaux de régulation génétique qui étend la modélisation discrète de R. Thomas par l'introduction de délais. Ces délais expriment le temps nécessaire pour passer d'un domaine discret à un autre.

D'une part, cette modélisation hérite du cadre de travail de la modélisation discrète, incluant les méthodes d'aide à la décision permettant la détermination appropriée des paramètres discrets, tout en présentant une notion de temps continu puisqu'elle prend des délais en considération. Évidemment, ces délais sont représentés par les nouveaux paramètres du modèle qui ne peuvent pas être facilement déduits des modèles qualitatifs précédents.

D'autre part, cette modélisation hérite de la modélisation par équations différentielles, puisque ces délais sont cohérents avec le système sous-jacent d'équations différentielles linéaires par morceaux (PLDE). Quand le modèle est vu comme une abstraction de PLDE, nous montrons comment construire des contraintes sur les délais du modèle hybride pour assurer la cohérence entre le modèle hybride et le système PLDE sous-jacent. Il est alors possible d'utiliser les données qui résultent d'un modèle PLDE ou interprétées initialement pour un modèle PLDE. Par exemple, la connaissance de quelques paramètres du modèle PLDE peut permettre d'évaluer quelques paramètres (les délais) d'un modèle hybride ou au moins d'en estimer une plage de valeurs.

Ainsi, nous travaillons sur un grand nombre de données associées au système biologique, en gardant la simplicité d'un formalisme discret. En outre, la mise en œuvre d'un outil pour la construction automatique de contraintes temporelles pour un chemin est facile (c'est une mise en œuvre simple de la démarche présentée dans ce chapitre), bien qu'aujourd'hui, la mise en œuvre d'un outil permettant de résoudre les contraintes temporelles obtenues par notre modélisation hybride soit encore à réaliser. Néanmoins, il est possible d'utiliser la programmation par contraintes avec un solver comme *Choco Solver*[1].

La modélisation hybride présentée ici nous permet de distinguer des comportements qualitativement différents qui ont été extraits dans un simple modèle discret. À travers ce chapitre, nous avons étudié le système controlant la production de mucus dans la bactérie *Pseudomonas aeruginosa* avec cette nouvelle approche et nous avons montré que des caractéristiques temporelles (délais de production et délais de dégradation) pourraient être capables d'induire la multi-stationnarité. Comme la stabilité d'un état non-mucoïde est une donnée du système, nous ne pouvons pas estimer si le cycle discret peut correspondre ou non à des spirales divergentes. Par conséquent, il est nécessaire de considérer les modèles avec un tore ou un cycle limite, aussi bien que les modèles avec des spirales convergentes.

De plus en plus de données temporelles sont maintenant disponibles et nous avons l'ambition d'en bénéficier *via* la modélisation hybride présentée ici. De plus, les résultats donnent des connaissances significatives pour la compréhension des systèmes biologiques.

---

1. http ://choco.emn.fr.

Chapitre 5

Conclusion générale et perspectives

Ce chapitre est composé de trois sections. Dans un premier temps, nous faisons un récapitulatif de tout ce que nous avons mis en place durant cette thèse au fil des chapitres. Ensuite, nous montrons la cohérence et l'imbrication des différents travaux effectués durant cette thèse via un exemple simple. Pour finir, nous abordons les différentes perspectives liées à cette thèse.

5.1 Récapitulatif

De façon générale, les travaux que nous avons mis en place et présentés dans cette thèse avaient pour but, soit d'analyser des systèmes biologiques de plus en plus grands soit de raffiner les analyses sur des modèles moins conséquents. Chacun des travaux réalisés s'incrit dans une méthodologie générale permettant l'étude des réseaux de régulations biologiques et tout particulièrement ceux ayant un comportement oscillatoire. Ces travaux utilisent les propriétés temporelles des modèles biologiques qui sont souvent abondantes mais encore relativement peu exploitées. Pour parvenir à intégrer les données temporelles, nous avons développé des modélisations hybrides qui combinent dans leurs comportements des aspects purement qualitatifs ainsi que des aspects continus (dans les notions temporelles quantitatives).

La première partie de cette méthodologie générale consiste à utiliser une modélisation hybride nommée TEM qui permet une pré-analyse du système biologique. L'avantage de cette modélisation est qu'elle utilise des paramètres qui sont très proches des données biologiques et qu'elle peut fournir des résultats d'intérêt à partir d'un nombre réduit d'hypothèses simples. Néanmoins, plus nous fournissons de données sur le modèle biologique dans l'approche TEM et plus les résultats obtenus sont précis.

La seconde partie de notre méthodologie générale consiste à reprendre des modélisations existantes et couramment utilisées (la modélisation PLDE et la modélisation discrète de R. Thomas) et d'y ajouter de nouvelles méthodes conjointes. La première méthode permet d'obtenir l'ensemble des contraintes nécessaires et suffisantes pour le paramétrage d'un modèle d'après des spécifications. Ceci peut permettre de découvrir des caractéristiques communes à l'ensemble des paramétrages validant les spécifications du modèle mais également d'obtenir l'ensemble de ces paramétrages grâce à un solveur de contraintes. La seconde méthode permet de décomposer les dynamiques obtenues à partir d'un paramètrage. Cette méthode peut servir à mieux comprendre les dynamiques ainsi obtenues en sachant si un comportement correspond à un ensemble de sous-comportements et si oui auxquels. La méthode peut également servir à travailler sur un sous-ensemble de la dynamique en ne prenant en compte que les sous-comportements intéressants.

Enfin, la dernière partie de cette méthodologie générale consiste en une modélisation permettant de raffiner les analyses précédentes. Cette modélisation est basée sur les modélisations présentées dans le chapitre précédent afin de profiter pleinement des méthodes que nous avons développées. Enfin, cette modélisation, tout comme dans la première modélisation présentée dans cette thèse, est une modélisation hybride qui exploite également la notion de temps via des paramètres temporels.

5.2   Cohérence et imbrication des outils développés

Dans cette section, nous reprenons le modèle de *Pseudomonas Aeruginosa* pour illustrer la cohérence et l'imbrication de nos travaux à partir d'un exemple grâce auquel nous montrons notre approche globale étape par étape en utilisant chacun des outils développés. Pour rappel, le modèle de *Pseudomonas Aeruginosa* est représenté par une variable x qui agit positivement sur une variable y ainsi que sur elle-même, alors que la variable y agit négativement sur la variable x.

Dans la modélisation TEM, cela revient à étudier un graphe de transitions à quatre états discrets où les variables x et y augmentent ou diminuent. Ce graphe de transitions ne présente qu'un seul comportement dynamique correspondant au cycle discret $(+, +) \rightarrow (-, +) \rightarrow (-, -) \rightarrow (+, -) \rightarrow (+, +)$. Le comportement multi-stationnaire de *Pseudomonas aeruginosa* semble donc avoir était abstrait dans la modélisation TEM qui se focalise principalement sur les comportements oscillatoires.

Un raffinement, tenant compte des niveaux de concentration dans la modélisation, peut permettre de retrouver ce comportement multi-stationnaire. Pour cela nous pouvons utiliser le formalisme discret de R. Thomas ou encore le formalisme des PLDE. Nous émettons alors des hypothèses sur l'ordonnancement des seuils d'interactions en précisant que l'interaction positive de x sur y a un seuil plus bas que l'autorégulation positive de x. Puis, afin d'avoir un graphe de transitions discret, nous voulons fixer les paramètres discrets de cette modélisation. Dans ce but, nous développons le graphe de transitions contraint associé, et nous y appliquons les contraintes qui correspondent aux spécifications dynamiques du modèle que nous avons préalablement traduit en logique temporelle CTL. Ensuite, en résolvant le système de contraintes, nous obtenons un nombre restreint de graphes de transitions possibles. Puis en appliquant l'approche par les MMB sur chacun de ces graphes de transitions, nous en remarquons un particulièrement intéressant ayant deux MMB : un premier représentant un cycle discret sans production de *mucus* (niveau de concentration de x inférieur à 2), et un second montrant qu'il est possible d'atteindre un état discret stationnaire produisant du *mucus* à partir de l'état discret initial.

Nous nous intéressons tout particulièrement au cycle discret $(1, 0) \rightarrow (1, 1) \rightarrow (0, 1) \rightarrow (0, 0) \rightarrow (1, 0)$ qui nous rappelle le cycle discret découvert avec la modélisation TEM. Nous analysons donc ce cycle avec la modélisation TDD (modélisation par décomposition des domaines temporels) pour déterminer si des caractéristiques temporelles seraient capables d'inciter la multi-stationnarité. Le graphe d'états avec délais résultant de cette modélisation nous montre que le cycle de la modélisation TEM et celui de la modélisation TDD sont bien les mêmes. En effet, pour le cycle discret dans la modélisation TDD, x et y

augmentent dans l'état discret $(1, 0)$; ensuite x diminue et y augmente dans l'état discret $(1, 1)$; puis x et y diminuent dans l'état discret $(0, 1)$; et enfin x augmente et y diminue dans l'état discret $(0, 0)$. Alors que pour la modélisation TEM le cycle discret est $(+, +) \rightarrow (-, +) \rightarrow (-, -) \rightarrow (+, -) \rightarrow (+, +)$. La correspondance entre les paramètres temporels de la modélisation TEM et ceux de la modélisation TDD est alors simple. Par exemple, le paramètre d_x^+ (de la modélisation TEM) correspond au temps passé par la plus courte trajectoire temporelle (de la modélisation TDD) pour aller de la transition discrète $(0, 0) \rightarrow (1, 0)$ à la transition discrète $(1, 1) \rightarrow (0, 1)$. De la même façon, le paramètre D_x^+ correspond au temps passé par la plus longue trajectoire temporelle pour aller de la transition discrète $(0, 0) \rightarrow (1, 0)$ à la transition discrète $(1, 1) \rightarrow (0, 1)$. Ainsi, les paramètres temporels de la modélisation TEM bornent le tore formé par l'ensemble des trajectoires temporelles cycliques de la modélisation TDD. Il est donc possible d'exploiter à nouveau les résultats trouvés à partir de la modélisation TEM pour affiner davantage l'analyse effectuée par la modélisation TDD.

5.3 Perspectives

Cette thèse a ouvert de nombreuses voies et par la même occasion, elle offre de nombreuses perspectives. Nous savons par exemple que la modélisation TEM du chapitre 2 est principalement limitée par les outils de model-checking qu'elle utilise actuellement. Mais nous savons que TEM n'a pas besoin de model-checkers aussi complexes que ceux utilisés car TEM est une sous-classe d'automates temporisés. Malheureusement, actuellement, à notre connaissance, il n'existe pas de model-checker dédié aux automates temporisés qui permettrait de faire de la vérification paramétrique. Il serait donc intéressant de collaborer à la mise en place d'un tel outil ou à l'extension d'un model-checker pour les automates temporisés déjà existant. Toujours dans la continuation de la modélisation TEM, il serait également intéressant de développer une nouvelle modélisation basée sur les mêmes principes mais qui reposerait cette fois sur une notion de temps discret (par des unités de temps). Une telle modélisation permettrait d'utiliser des outils plus conventionnels.

Dans la continuité des travaux pour la recherche de paramétrages en fonction des spécifications du modèle qui sont présentés dans le chapitre 3, il existe également plusieurs débouchés possibles. Par exemple, nous pourrions développer une méthode afin que les contraintes générées puissent être plus « digestes » pour les solveurs de contraintes. De plus, nous pourrions étendre l'expressivité des spécifications en permettant aux propositions atomiques d'être de la forme « la variable x augmente », « la variable x diminue » ou encore « la variable x reste constante ». Une telle expressivité pourrait permettre la génération de contraintes plus strictes et moins nombreuses en se focalisant sur un ensemble de comportements plus restreints. De plus, cette forme d'expression semble mieux adaptée à certaines données expérimentales disponibles. En effet, il est plus facile expérimentalement de décrire la dynamique d'un système biologique en donnant les variations de ses variables sans chercher une correspondance entre les niveaux de concentration abstraits du modèle et les concentrations réelles.

Enfin pour la modélisation présentée dans le chapitre 4, il serait maintenant intéressant de l'utiliser sur un modèle biologique conséquent, comme nous avons pu le faire avec la modélisation de Ahmad et al. dans l'article [ABE+09].

Bibliographie

[ABC+07] J. Ahmad, G. Bernot, J.-P. Comet, D. Lime, and O. Roux. Hybrid modelling and dynamical analysis of gene regulatory networks with delays. *ComPlexUs*, 3(4) :231–251, October 2007.

[ABE+09] J. Ahmad, J. Bourdon, D. Eveillard, J. Fromentin, O. Roux, and C. Sinoquet. Temporal constraints of a gene regulatory network : Refining a qualitative simulation. *Biosystems*, In Press, Corrected Proof :–, 2009.

[ABI+01] R. Alur, C. Belta, F. Ivancic, V. Kumar, M. Mintz, G. Pappas, H. Rubin, and J. Schug. Hybrid modeling and simulation of biomolecular networks. *Fourth International Workshop on Hybrid Systems : Computation and Control (HSCCâ01)*, LNCS 2034 :19–32, 2001.

[ACH+95] R. Alur, C. Courcoubetis, N. Halbwachs, T. Henzinger, P.-H. Ho, X. Nicollin, A. Olivero, J. Sifakis, and S. Yovine. The algorithmic analysis of hybrid systems. *Theoretical Computer Science*, 138(1) :3–34, 1995.

[ACHH93] R. Alur, C. Courcoubetis, T. Henzinger, and P.-H. Ho. *Hybrid Systems*, volume LNCS 736, chapter Hybrid automata : An algorithmic approach to the specification and verification of hybrid systems, pages 209–229. Springer Berlin / Heidelberg, 1993.

[AD94] R. Alur and D. Dill. A theory of timed automata. *Theoretical Computer Science*, 126(2) :183–235, 1994.

[ALLT05] M. Aiguier, P. Le Gall, D. Longuet, and A. Touil. A temporal logic for input output symbolic transition systems. *Asia-Pacific Software Engineering Conference*, 0 :43–50, 2005.

[Apt03] K. Apt. *Principles of Constraint Programming*. Cambridge University Press (ISBN 0521825830), 2003.

[ARB+08] J. Ahmad, O. Roux, G. Bernot, J.-P. Comet, and A. Richard. Analysing formal models of genetic regulatory networks with delays. *International Journal of Bioinformatics Research and Applications (IJBRA)*, 4(3) :240–262, 2008.

[AS04] M. Adélaïde and G. Sutre. Parametric analysis and abstraction of genetic regulatory networks. In *Proc. 2nd Workshop on Concurrent Models in Molecular Biol. (BioCONCUR'04), London, UK, Aug. 2004*, Electronic Notes in Theor. Comp. Sci. Elsevier, 2004.

[Bat06] G. Batt. *Validation de Modèles qualitatifs de réseaux de régulation génétique : une méthode basée sur des techniques de vérification formelle*. PhD thesis, Université Joseph Fourier - Grenoble I, 2006.

[BBM07]   G. Batt, R. Ben Salah, and O. Maler. On timed models of gene networks.
            In Jean-François Raskin and P. S. Thiagarajan, editors, *FORMATS*, volume
            4763 of *Lecture Notes in Computer Science*, pages 38–52. Springer, 2007.

[BCRG04]   G. Bernot, J.-P. Comet, A. Richard, and J. Guespin. Application of formal
            methods to biological regulatory networks : Extending Thomas' asynchro-
            nous logical approach with temporal logic. *Journal of Theoretical Biology*,
            229(3) :339–347, 2004.

[BH09]   M. Bennett and J. Hasty. Microfluidic devices for measuring gene network
            dynamics in single cells. *Nature reviews Genetics*, 10(9) :628–38, 2009.

[BRD$^+$05] G. Batt, D. Ropers, H. De Jong, J. Geiselmann, R. Mateescu, M. Page, and
            D. Schneider. Validation of qualitative models of genetic regulatory networks
            by model checking : analysis of the nutritional stress response in escherichia
            coli. *Bioinformatics*, 21 Suppl 1 :i19–i28, Jun 2005.

[BSD$^+$01] C. Belta, J. Schug, T. Dang, V. Kumar, G. Pappas, H. Rubin, and P. Dunlap.
            Stability and reachability analysis of a hybrid model of luminescence in the
            marine bacterium vibrio fischeri. In *Proc. 40th IEEE Conference on Decision
            and Control*, volume 1, pages 869–874, 4–7 Dec. 2001.

[CBH$^+$07] F. Corblin, L. Bordeaux, Y. Hamadi, E. Fanchon, and L. Trilling. A sat-based
            approach to decipher gene regulatory networks, 2007.

[CCC$^+$04] K. Chen, L. Calzone, A. Csikasz-Nagy, F. Cross, B. Novak, and J. Tyson.
            Integrative analysis of cell cycle control in budding yeast. *Mol. Biol. Cell.*,
            15(8) :3841–3862, 2004.

[CDG06]   R. Casey, H. De Jong, and J.-L. Gouzé. Piecewise-linear models of genetic
            regulatory networks : equilibria and their stability. *J Math Biol*, 52(1) :27–56,
            Jan 2006.

[CFT07]   F. Corblin, E. Fanchon, and L. Trilling. Modélisation de réseaux biolo-
            giques discrets en programmation logique par contraintes. *Technique et
            science informatiques, numéro spécial "Modélisation et simulation pour la
            post-génomique"*, 26 :73, 2007.

[CGT$^+$09] A.-R. Carvunis, E. Gomez, N. Thierry-Mieg, L. Trilling, and M. Vidal. [sys-
            tems biology : from yesterday's concepts to tomorrow's discoveries]. *Med Sci
            (Paris)*, 25(6-7) :578–584, 2009.

[CTF$^+$09] F. Corblin, S. Tripodi, E. Fanchon, D. Ropers, and L. Trilling. A declarative
            constraint-based method for analyzing discrete genetic regulatory network.
            Biosystems, Aug 2009.

[CTTN07]   L. Calzone, D. Thieffry, J. Tyson, and B. Novak. Dynamical modeling of
            syncytial mitotic cycles in drosophila embryos. *Mol. Syst. Biol.*, 3 :131, 2007.

[De 02]   H. De Jong. Modeling and simulation of genetic regulatory systems : a lite-
            rature review. *J. Comput. Biol.*, 9(1) :67–103., 2002.

[DGH$^+$04] H. De Jong, J.-L. Gouzé, C. Hernandez, M. Page, T. Sari, and J. Geiselmann.
            Qualitative simulation of genetic regulatory networks using piecewise-linear
            models. *Bull. Math. Biol.*, 66(2) :301–40, 2004.

[DLMS06] B. Di Ventura, C. Lemerle, K. Michalodimitrakis, and L. Serrano. From in vivo to in silico biology and back. *Nature*, 443(7111) :527–533, Oct 2006.

[DPHG01] H. De Jong, M. Page, C. Hernandez, and J. Geiselmann. Qualitative simulation of genetic regulatory networks : Method and application. In *IJCAI*, pages 67–73, 2001.

[EFR08] D. Eveillard, J. Fromentin, and O. Roux. Constraints programming for unifying gene regulatory networks modeling approaches. In *WCBâ08, CPAIOR satellite day*, 2008.

[Eme90] E. Emerson. *Handbook of theoretical computer science, Volume B : formal models and semantics*, chapter Temporal and modal logic, pages 995–1072. MIT Press, 1990.

[FA03] T. Frühwirth and S. Abdennadher. *Essentials of Constraint Programming*. Springer (ISBN : 3540676236), 2003.

[Fag96] F. Fages. *Programmation Logique Par Contraintes*. Ellipses (ISBN 2729846131), 1996.

[FBCR09] J. Fromentin, G. Bernot, J.-P. Comet, and O. Roux. Hybrid modeling of gene regulatory networks : a combination of qualitative modeling with delays. *J. Theor. Biol.*, Accepté pour seconde relecture, 2009.

[FCLR07] J. Fromentin, J.-P. Comet, P. Le Gall, and O. Roux. Analysing gene regulatory networks by both constraint programming and model-checking. In *EMBC07, 29th IEEE EMBS Annual International Conference*, pages 4595–4598, August 23–26 2007.

[Fil88] A. Filippov. *Differential equations with discontinuous right-hand sides*. Kluwer Academic Publishers, 1988.

[FR08] F. Fages and A. Rizk. On temporal logic constraint solving for analyzing numerical data time series. *Theor. Comput. Sci.*, 408(1) :55–65, 2008.

[FR09] F. Fages and A. Rizk. From model-checking to temporal logic constraint solving. In *Proc. of 15th International Conference on Principles and Practice of Constraint Programming, CP'09*, LNCS. Springer-Verlag, 2009.

[Fre05] G. Frehse. PHAVer : Algorithmic verification of hybrid systems past HyTech. In *Proceedings of HSCC 2005*, volume LNCS 3414, pages 258–273, 2005.

[FRS08] F. Fages, F. Rossi, and S. Soliman, editors. *Recent Advances in Constraints, 12th Annual ERCIM International Workshop on Constraint Solving and Constraint Logic Programming, CSCLP 2007, Rocquencourt, France, June 7-8, 2007, Revised Selected Papers*, volume 5129 of *Lecture Notes in Computer Science*. Springer, 2008.

[GK01] J. Guespin-Michel and M. Kaufman. Positive feedback circuits and adaptive regulations in bacteria. *Acta Biotheor.*, 49 :207–218, 2001.

[GK04] J. Gagneur and S. Klamt. Computation of elementary modes : a unifying framework and the new binary approach. *BMC Bioinformatics*, 5 :175, Nov 2004.

[Gol95] A. Goldbeter. A model for circadian oscillations in the drosophila period protein (per). *Proc Biol Sci*, 261(1362) :319–324, Sep 1995.

[HB02]   G. Hatfield and C. Benham. Dna topology-mediated control of global gene
           expression in escherichia coli. *Annu Rev Genet*, 36 :175–203, 2002.

[HHW]   T.-A. Henzinger, P.-H. Ho, and H. Wong-Toi. HYTECH : A model checker
           for hybrid systems. *International Journal on Software Tools for Technology
           Transfer*, 1(1–2).

[HKI+07]   A. Halasz, V. Kumar, M. Imielinski, C. Belta, O. Sokolsky, S. Pathak, and
           H. Rubin. Analysis of lactose metabolism in e.coli using reachability analysis
           of hybrid systems. *IET Systems Biology*, 1(2) :130–148, March 2007.

[HL93]   J. Hale and S. Lunel. *Introduction to Functional Differential Equations*. Sprin-
           ger, New York, USA, 1993.

[HR00]   M. Huth and M. Ryan. *Logic in Computer Science : Modelling and Reasoning
           About Systems*. Cambridge University Press, 2000.

[Jha08]   Sumit Kumar Jha. d-ira : A distributed reachability algorithm for analysis of
           linear hybrid automata. In *Proceedings of HSCC 2008*, volume LNCS 4981,
           pages 618–621, 2008.

[KAL99]   M. Kaufman, F. Andris, and O. Leo. A logical analysis of T cell activation
           and anergy. *Proc Natl Acad Sci*, 96(7) :3894–3899, 1999.

[KDRH09]   L. Kempinger, R. Dittmann, D. Rieger, and C. Helfrich-Förster. The noc-
           turnal activity of fruit flies exposed to artificial moonlight is partly caused
           by direct light effects on the activity level that bypass the endogenous clock.
           Chronobiol Int, 26(2) :151–166, Feb 2009.

[KLBG09]   J. Kotwica, M. Larson, P. Bebas, and J. Giebultowicz. Developmental profiles
           of period and doubletime in drosophila melanogaster ovary. *J Insect Physiol*,
           55(5) :419–425, May 2009.

[KZD09]   V. Kostál, R. Závodská, and D. Denlinger. Clock genes period and timeless
           are rhythmically expressed in brains of newly hatched, photosensitive larvae
           of the fly, sarcophaga crassipalpis. *J Insect Physiol*, 55(5) :408–414, May 2009.

[LB05]   A. Larhlimi and A. Bockmayr. Minimal metabolic behaviors and the reversible
           metabolic space. In *Preprint 299, DFG Research Center Matheon*, 2005.

[LB06]   A. Larhlimi and A. Bockmayr. A new approach to flux coupling analysis of
           metabolic networks. In M. R. Berthold, R. Glen, and I. Fischer, editors, *Com-
           pLife*, volume LNBI 4216, pages 205–215, Berlin Heidelberg, 2006. Springer-
           Verlag.

[LFWS09]   J. Landskron, K. Fan Chen, E. Wolf, and R. Stanewsky. A role for the per-
           iod :period homodimer in the drosophila circadian clock. *PLoS Biol*, 7(4) :e3,
           Apr 2009.

[LG98]   J.-C. Leloup and A. Goldbeter. A model for circadian rhythms in drosophila
           incorporating the formation of a complex between the per and tim proteins.
           J. Biol. Rhythms, 13(1) :70–87, 1998.

[LG08a]   J.-C. Leloup and A. Goldbeter. Modeling the circadian clock : from molecular
           mechanism to physiological disorders. *Bioessays*, 30(6) :590–600, 2008.

[LG08b]   V. Lemesle and J. L. Gouzé. A simple unforced oscillatory growth model in
           the chemostat. *Bull Math Biol*, 70(2) :344–357, Feb 2008.

[LSV03]   N. Lynch, R. Segala, and F. Vaandrager. Hybrid i/o automata. *Information and Computation*, 185(1) :103–157, 2003.

[Mes68]   M. Mesarovic. *Systems theory and biology*. Springer-Verlag, New York, USA, 1968.

[MGCL07]   D. Mateus, J.-P. Gallois, J.-P. Comet, and P. Le Gall. Symbolic modeling of genetic regulatory networks. *J. of Bioinformatics and Comput. Biol.*, 5(2B) :627–640, 2007.

[MP95]   O. Maler and A. Pnueli. Timing analysis of asynchronous circuits using timed automata. In *in P.E. Camurati, H. Eveking (Eds.), Proc. CHARME'95, LNCS 987*, pages 189–205. Springer, 1995.

[Ras48]   N. Rashevsky. *Mathematical Biophysics : Physico-Mathematical Foundations of Biology*. University of Chicago Press, 1948.

[RBFS08]   A. Rizk, G. Batt, F. Fages, and S. Soliman. On a continuous degree of satisfaction of temporal logic formulae with applications to systems biology. In *CMSB*, pages 251–268, 2008.

[RCB05]   A. Richard, J.-P. Comet, and G. Bernot. R. Thomas' modeling of biological regulatory networks : Introduction of singular states in the qualitative dynamics. *Fundam. Inf.*, 65(4) :373–392, 2005.

[RCB06]   A. Richard, J.-P. Comet, and G. Bernot. *Modern Formal Methods and Applications*, chapter Formal Methods for Modeling Biological Regulatory Networks. Springer, ISBN : 1-4020-4222-1, 2006.

[RDP+06]   D. Ropers, H. De Jong, M. Page, D. Schneider, and J. Geiselmann. Qualitative simulation of the carbon starvation response in escherichia coli. *BioSystems*, 84(2) :124–52, May 2006.

[Ric06]   A. Richard. *Modèle formel pour les réseaux de régulation génétique & influence des circuits de rétroaction*. PhD thesis, Université d'Évry Val d'Essonne, 2006.

[RWRH09]   D. Rieger, C. Wülbeck, F. Rouyer, and C. Helfrich-Förster. Period gene expression in four neurons is sufficient for rhythmic activity of drosophila melanogaster under dim light conditions. *J Biol Rhythms*, 24(4) :271–282, Aug 2009.

[SB06]   H. Siebert and A. Bockmayr. Incorporating time delays into the logical analysis of gene regulatory networks. In Corrado Priami, editor, *CMSB*, volume 4210 of *Lecture Notes in Computer Science*, pages 169–183. Springer, 2006.

[Sno89]   E. Snoussi. Qualitative dynamics of a piecewise-linear differential equations : a discrete mapping approach. *Dynamics and stability of Systems*, 4 :189–207, 1989.

[Sug61]   M. Sugita. Functional analysis of chemical systems in vivo using a logical circuit equivalent. *Journal of Theoretical Biology*, 1 :415–430, 1961.

[Sug63]   M. Sugita. Functional analysis of chemical systems in vivo using a logical circuit equivalent. II. the idea of a molecular automaton. *Journal of Theoretical Biology*, 4 :179–192, 1963.

[Thi93]   D. Thieffry. *Modélisation des régulations Génétiques : une méthode logique, son automatisation et quelques applications.* PhD thesis, Université Libre de Bruxelles, 1993.

[Tho73]   R. Thomas. Boolean formalization of genetic control circuits. *Journal of Theoretical Biology*, 42 :563–585, 1973.

[Tho91]   R. Thomas. Regulatory networks seen as asynchronous automata : A logical description. *Journal of Theoretical Biology*, 153 :1–23, 1991.

[TNCV95] J. Tyson, B. Novak, K. Chen, and J. Val. Checkpoints in the cell cycle from a modeler's perspective. *Prog Cell Cycle Res*, 1 :1–8, 1995.

[Wie48]   N. Wiener. *Cybernetics, or, Control and communication in the animal and the machine.* Technology Press, Cambridge, MA, USA, 1948.

.1 Annexes liées au chapitre 2

Ces annexes contiennent le graphe d'états discrets du modèle TEM utilisé pour l'exemple biologique sur le cycle circadien de la drosophile ainsi que l'ensemble des résultats obtenus à partir du modèle TEM.

.1.1 TEM Pour le cycle circadien de la drosophile

Comme illustration, nous présentons son graphe d'états discrets en Figure 1. Dans ce modèle, il n'y a pas d'horloge pour la variable C qui n'a aucune spécification temporelle.

.1.2 Spécifications

Nous monstrons dans cette section les lignes de commande qui correspondent aux spécifications du modèle présenté dans la section précédente. Notons que toute phrase après un « -- » est une phrase de commentaire.

```
-- The discrete transition size is 6
-- (Sufficient size so that every variable can change state).
REACH_MAX_ITER=6;

-- We use the automata defined previously.
sys=GUI;

-- Definition of the initial continuous states
-- with initial constraints on the parameters
-- and where mRNA PER and TIM increase (iMp==1 & iMt==1).
initreg_11=sys.{$
& dpMp>0 & DpMp>=dpMp & dnMp>0 & DnMp>=dnMp
& dpMt>0 & DpMt>=dpMt & dnMt>0 & DnMt>=dnMt
& dpCn>0 & DpCn>=dpCn & dnCn>0 & DnCn>=dnCn
& dpP>0 & DpP>=dpP & dnP>0 & DnP>=dnP
& dpT>0 & DpT>=dpT & dnT>0 & DnT>=dnT
& iMp==1 & iMt==1 & period==0};

-- Definitions of the other continuous states for the qualitative cycles.
-- (In the final states the clock for the periode reachs 24 hours).
reg_00=sys.{$ & iMp==0 & iMt==0};
reg_01=sys.{$ & iMp==0 & iMt==1};
reg_10=sys.{$ & iMp==1 & iMt==0};
reg_11=sys.{$ & iMp==1 & iMt==1 & period==24};

-- Specifications for the first qualitative cycle in Table 1.
-- We find all reachable region from initial continuous states.
reg= sys.reachable(initreg_11);
-- We make the intersection
-- with next set of continuous states which we want to reach.
```

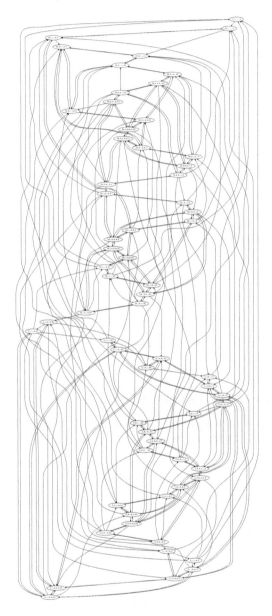

FIGURE 1 – Graphe d'états discrets de TEM pour le cycle circadien de la drosophile. L'ordre des variables est le suivant : M_P, M_T, C_N, C, P_t et finalement T_t.

```
reg.intersection_assign(reg_10);
-- etc.
reg= sys.reachable(reg);
reg.intersection_assign(reg_00);
reg= sys.reachable(reg);
reg.intersection_assign(reg_10);
reg= sys.reachable(reg);
reg.intersection_assign(reg_11);

-- Display the results with projection on the TEM parameters.
reg.project_to(
dpMp,DpMp,dnMp,DnMp,
dpMt,DpMt,dnMt,DnMt,
dpCn,DpCn,dnCn,DnCn,
dpP,DpP,dnP,DnP,dpT,
DpT,dnT,DnT);
reg_u=reg.loc_union;
reg_u.print;
```

.1.3   Résultats

Ici, nous montrons les contraintes obtenues avec *PHAVer* pour les cycles qualitatifs du Tableau 2.1 sans les redondances liées aux contraintes initiales. Notons qu'ici, l'opérateur de disjonction est | et que l'opérateur de conjonction est &.

- Pour le cycle (1) :

```
DnCn >= dnMp - 5
& DnMt >= dnMp
& DnCn >= dnMt - 5
& DnMt >= 5
& DnMp >= 5
& DpMp + DnMp >= dnMt
| DpCn + DnCn >= dpMp + dnMp
& DpMt + DnMt >= dpMp + dnMp
& DpCn + DnCn >= dpMp + dnMt
& DpCn + DnCn >= dpMp + 5
& DpMt >= dpMp
& DnCn >= dnMp - 5
& DpMt + DnMt >= dnMp + dpCn - 5
& DpCn + DnCn >= dpMt + dnMt
& DpCn + DnCn >= dpMt + 5
& DnCn >= dnMt - 5
& DpCn >= 5
& DnMt >= 5
& DpMt >= dpCn - 5
& DpMt + DnMt >= dpCn + dnCn
& DpMt + DnMt >= dnCn + 5
```

```
& DnMp >= dnMt
& DnMp >= 5
& DnMp + DpMt >= dpCn + dnCn
& DnMp + DpMt >= dnCn + 5
& DpMp + DnCn >= dpMt + dnMt - 5
& DpMp + DnCn >= dpMt
& DpMp >= dpCn - 5
& DpMp + DnMp >= dpMt + dnMt
& DpMp + DnMp >= dpMt + 5
& DpMp + DnMp >= dpCn + dnCn
& DpMp + DnMp >= dnCn + 5
```
- Pour le cycle (2) :
```
DnCn >= dnMp - 5
& DnMt >= dnMp
& DnCn >= dnMt - 5
& DnMt >= 5
& DnMp >= 5
& DpMp + DnMp >= dnMt
| DpCn + DnCn >= dpMp + dnMp
& DpMt + DnMt >= dpMp + dnMp
& DpCn + DnCn >= dpMp + dnMt
& DpCn + DnCn >= dpMp + 5
& DpMt >= dpMp
& DnCn >= dnMp - 5
& DpMt + DnMt >= dnMp + dpCn - 5
& DpCn + DnCn >= dpMt + dnMt
& DpCn + DnCn >= dpMt + 5
& DpMt >= dpMt
& DnCn >= dnMt - 5
& DnMt >= dnMt
& DpCn >= 5
& DnMt >= 5
& DpMt >= dpCn - 5
& DpMt + DnMt >= dpCn + dnCn
& DpMt + DnMt >= dnCn + 5
& DnMp >= dnMt
& DnMp >= 5
& DnMp + DpMt >= dpCn + dnCn
& DnMp + DpMt >= dnCn + 5
& DpMp + DnCn >= dpMt + dnMt - 5
& DpMp + DnCn >= dpMt
& DpMp >= dpCn - 5
& DpMp + DnMp >= dpMt + dnMt
& DpMp + DnMp >= dpMt + 5
& DpMp + DnMp >= dpCn + dnCn
& DpMp + DnMp >= dnCn + 5
```

- Pour le cycle (3) :

```
  DnCn >= dnMp - 5
& DpMt + DnMt >= dnMp
& DnCn >= dnMt - 5
& DnMt >= 5
& DnMp >= dnMt
& DnMp >= 5
| DpCn + DnCn >= dpMp + dnMp
& DpMt + DnCn >= dpMp + dnMp - 5
& DpMt + DnMt >= dpMp + dnMp
& DpCn + DnCn >= dpMp + 5
& DpMt + DnCn >= dpMp
& DpMt + DnMt >= dpMp + 5
& DpCn + DnCn >= dnMp + dpMt
& DnCn >= dnMp - 5
& DnMt >= dnMp
& DpCn + DnCn >= dpMt + dnMt
& DpCn + DnCn >= dpMt + 5
& DnCn >= dnMt - 5
& DpCn >= 5
& DnMt >= 5
& DpMt >= dpCn - 5
& DpMt + DnMt >= dpCn + dnCn
& DpMt + DnMt >= dnCn + 5
& DnMp >= 5
& DpMp >= dpMt
& DpMp >= dpCn - 5
& DpMp + DnMt >= dpCn + dnCn
& DpMp + DnMt >= dnCn + 5
& DpMp + DnMp >= dpMt + dnMt
& DpMp + DnMp >= dnMt + dpCn - 5
& DpMp + DnMp >= dpCn + dnCn
& DpMp + DnMp >= dnCn + 5
```

- Pour le cycle (4) :

```
  DnCn >= dnMp - 5
& DpMt + DnMt >= dnMp
& DnCn >= dnMt - 5
& DnMt >= 5
& DnMp >= dnMt
& DnMp >= 5
| DpCn + DnCn >= dpMp + dnMp
& DpMt + DnCn >= dpMp + dnMp - 5
& DpMt + DnMt >= dpMp + dnMp
& DpCn + DnCn >= dpMp + 5
& DpMt + DnCn >= dpMp
& DpMt + DnMt >= dpMp + 5
```

```
& DpMp >= dpMp
& DpCn + DnCn >= dnMp + dpMt
& DnCn >= dnMp - 5
& DnMt >= dnMp
& DpCn + DnCn >= dpMt + dnMt
& DpCn + DnCn >= dpMt + 5
& DnCn >= dnMt - 5
& DpCn >= 5
& DnMt >= 5
& DpMt >= dpCn - 5
& DpMt + DnMt >= dpCn + dnCn
& DpMt + DnMt >= dnCn + 5
& DnMp >= 5
& DpMp >= dpMt
& DpMp >= dpCn - 5
& DpMp + DnMt >= dpCn + dnCn
& DpMp + DnMt >= dnCn + 5
& DpMp + DnMp >= dpMt + dnMt
& DpMp + DnMp >= dnMt + dpCn - 5
& DpMp + DnMp >= dpCn + dnCn
& DpMp + DnMp >= dnCn + 5
```

.2   Annexes liées aux chapitre 3 et 4

Ces annexes contiennent un tableau récapitulatif sur les notions utilisées dans les chapitres 3 et 4, mais également le tableau exhaustif des cas possibles (et leur solution) pour les contraintes cumulées du chapitre 4.

.2.1   Memorandum

Le Tableau 1 donne les notations utilisées dans les chapitres 3 et 4.

PLDE	Modélisation discrète	modélisation hybride
paramètre cinétique	paramètre discret	delai
état continu	état discret	état
domaine	état discret	domaine & sous-domaine
trajectoire	chemin	trajectoire temporelle & chemin
point focal	point focal qualitatif	point focal

TABLE 1 – Notation utilisée dans les chapitres 3 et 4.

.2.2   Dynamiques possibles pour l'exemple courant

Nous présentons en Figure 2 les 6 systèmes de transitions possibles pour l'exemple courant de Pseudomonas à partir des spécifications de la section 3.5.4.

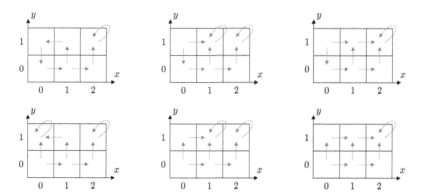

FIGURE 2 – Les 6 dynamiques possibles pour l'exemple courant de la section 3.5.4.

.2.3 Contraintes de transitions cumulées : tableau exhaustif des cas possibles

Le Tableau 2 donne l'ensemble des cas possibles de la section 4.4.2 dans le chapitre 4 pour le calcul de l'état sortant $\eta_2 = (l_1, \tau_2)$ et ses contraintes à partir de l'état entrant $\eta_1 = (l_1, \tau_1)$. Ce tableau contient les cas expliqués et illustrés en section 4.4.2, mais aussi l'ensemble exhaustif des cas symétriques basés sur les mêmes raisonnements mais donnant lieu à résultats différents. Comme dans la section 4.4.2, et pour une plus grande lisibilité, les deux paramètres $\delta^+_{i_1, l_1(i_1), \omega_{l_1}(i_1)}$ et $\delta^+_{i'_1, l_1(i'_1), \omega_{l_1}(i'_1)}$ sont respectivement notés $\delta^+_{i_1}$ et $\delta^+_{i'_1}$.

Numéro	Conditions	$\tau_2(\hat{i}'_1)$	Contraintes
1.(a)	$\hat{i}'_1 = \hat{i}_1$, $\kappa_{l_1}(\hat{i}_1) = 1$	$\tau_2(\hat{i}'_1) = \delta^+_{\hat{i}_1}$	pas de contrainte
1.(b)	$\hat{i}'_1 = \hat{i}_1$, $\kappa_{l_1}(\hat{i}_1) = -1$	$\tau_2(\hat{i}'_1) = 0$	pas de contrainte
2.(a)	$\hat{i}'_1 \neq \hat{i}_0, \hat{i}'_1 \neq \hat{i}_1$, $\exists l_1 \to_{\hat{i}'_1}$, $\kappa_{l_1}(\hat{i}_1) = 1$, $\kappa_{l_1}(\hat{i}'_1) = 1$	$\tau_2(\hat{i}'_1) = \min(\delta^+_{\hat{i}'_1}, \tau_1(\hat{i}'_1) + (\delta^+_{\hat{i}_1} - \tau_1(\hat{i}_1)))$	$\tau_1(\hat{i}'_1) + (\delta^+_{\hat{i}_1} - \tau_1(\hat{i}_1)) < \delta^+_{\hat{i}'_1}$
2.(b)	$\hat{i}'_1 \neq \hat{i}_0, \hat{i}'_1 \neq \hat{i}_1$, $\exists l_1 \to_{\hat{i}'_1}$, $\kappa_{l_1}(\hat{i}_1) = 1$, $\kappa_{l_1}(\hat{i}'_1) = -1$	$\tau_2(\hat{i}'_1) = \max(0, \tau_1(\hat{i}'_1) - (\delta^+_{\hat{i}_1} - \tau_1(\hat{i}_1)))$	$\tau_1(\hat{i}'_1) - (\delta^+_{\hat{i}_1} - \tau_1(\hat{i}_1)) > 0$
2.(c)	$\hat{i}'_1 \neq \hat{i}_0, \hat{i}'_1 \neq \hat{i}_1$, $\exists l_1 \to_{\hat{i}'_1}$, $\kappa_{l_1}(\hat{i}_1) = -1$, $\kappa_{l_1}(\hat{i}'_1) = 1$	$\tau_2(\hat{i}'_1) = \min(\delta^+_{\hat{i}'_1}, \tau_1(\hat{i}'_1) + \tau_1(\hat{i}_1))$	$\tau_1(\hat{i}'_1) + \tau_1(\hat{i}_1) < \delta^+_{\hat{i}'_1}$
2.(d)	$\hat{i}'_1 \neq \hat{i}_0, \hat{i}'_1 \neq \hat{i}_1$, $\exists l_1 \to_{\hat{i}'_1}$, $\kappa_{l_1}(\hat{i}_1) = -1$, $\kappa_{l_1}(\hat{i}'_1) = 1$	$\tau_2(\hat{i}'_1) = \max(0, \tau_1(\hat{i}'_1) - \tau_1(\hat{i}_1))$	$\tau_1(\hat{i}'_1) - \tau_1(\hat{i}_1) > 0$
3.(a)i.	$\hat{i}'_1 \neq \hat{i}_0, \hat{i}'_1 \neq \hat{i}_1$, $\nexists l_1 \to_{\hat{i}'_1}$, $\kappa_{l_1}(\hat{i}_1) = 1$	$\tau_2(\hat{i}'_1) = C$	$\tau_1(\hat{i}'_1) \geq \delta^+_{\hat{i}'_1} \Leftrightarrow C = \max(\delta^+_{\hat{i}'_1}, \tau_1(\hat{i}'_1) - (\delta^+_{\hat{i}_1} - \tau_1(\hat{i}_1)))$; $\tau_1(\hat{i}'_1) < \delta^+_{\hat{i}'_1} \Leftrightarrow C = \min(\delta^+_{\hat{i}'_1}, \tau_1(\hat{i}'_1) + (\delta^+_{\hat{i}_1} - \tau_1(\hat{i}_1)))$
3.(a)ii.	$\hat{i}'_1 \neq \hat{i}_0, \hat{i}'_1 \neq \hat{i}_1$, $\nexists l_1 \to_{\hat{i}'_1}$, $\kappa_{l_1}(\hat{i}_1) = -1$	$\tau_2(\hat{i}'_1) = C$	$\tau_1(\hat{i}'_1) \geq \delta^+_{\hat{i}'_1} \Leftrightarrow C = \max(\delta^+_{\hat{i}'_1}, \tau_1(\hat{i}'_1) - \tau_1(\hat{i}_1))$; $\tau_1(\hat{i}'_1) < \delta^+_{\hat{i}'_1} \Leftrightarrow C = \min(\delta^+_{\hat{i}'_1}, \tau_1(\hat{i}'_1) + \tau_1(\hat{i}_1))$

...

Numéro	Conditions	$\tau_2(\check{\imath}'_1)$	Contraintes
3.(b)i.	$\check{\imath}'_1 \neq \check{\imath}_1$, $\check{\imath}'_1 = \imath_0$ et $\bar{\bar{\mu}}_{\eta_1}(\check{\imath}'_1) = \infty$, $\nexists l_1 \to_{\check{\imath}'_1}$, $\kappa_{\check{\imath}_1}(\imath_1) = 1$, $sign_{\eta_1}(\check{\imath}'_1) = 1$,	$\tau_2(\check{\imath}'_1) = \min(\delta^+_{\check{\imath}'_1}, \tau_1(\check{\imath}'_1) + (\delta^+_{\check{\imath}_1} - \tau_1(\check{\imath}_1)))$	pas contrainte
3.(b)ii.	$\check{\imath}'_1 \neq \check{\imath}_1$, $\check{\imath}'_1 = \imath_0$ $\bar{\bar{\mu}}_{\eta_1}(\check{\imath}'_1) = \infty$, $\nexists l_1 \to_{\check{\imath}'_1}$, $\kappa_{\check{\imath}_1}(\imath_1) = 1$, $sign_{\eta_1}(\check{\imath}'_1) = -1$,	$\tau_2(\check{\imath}'_1) = \max(\delta^+_{\check{\imath}'_1}, \tau_1(\check{\imath}'_1) - (\delta^+_{\check{\imath}_1} - \tau_1(\check{\imath}_1)))$	pas de contrainte
3.(b)iii.	$\check{\imath}'_1 \neq \check{\imath}_1$, $\check{\imath}'_1 = \imath_0$ et $\bar{\bar{\mu}}_{\eta_1}(\check{\imath}'_1) = \infty$, $\nexists l_1 \to_{\check{\imath}'_1}$, $\kappa_{\check{\imath}_1}(\imath_1) = -1$, $sign_{\eta_1}(\check{\imath}'_1) = 1$,	$\tau_2(\check{\imath}'_1) = \min(\delta^+_{\check{\imath}'_1}, \tau_1(\imath_1))$	pas de contrainte
3.(b)iv.	$\check{\imath}'_1 \neq \check{\imath}_1$, $\check{\imath}'_1 = \imath_0$ et $\bar{\bar{\mu}}_{\eta_1}(\check{\imath}'_1) = \infty$, $\nexists l_1 \to_{\check{\imath}'_1}$, $\kappa_{\check{\imath}_1}(\imath_1) = -1$, $sign_{\eta_1}(\check{\imath}'_1) = -1$,	$\tau_2(\check{\imath}'_1) = \max(\delta^+_{\check{\imath}'_1}, \tau_1(\check{\imath}'_1) - \tau_1(\imath_1))$	pas de contrainte

TABLE 2: Tableau exhaustif des cas pour le calcul de l'état sortant, voir section 4.4.2 chapitre 4.

Une maison d'édition scientifique

vous propose

la publication gratuite

de vos articles, de vos travaux de fin d'études, de vos mémoires de master, de vos thèses ainsi que de vos monographies scientifiques

Vous êtes l'auteur d'une thèse exigeante sur le plan du contenu comme de la forme et vous êtes intéressé par l'édition rémunérée de vos travaux? Alors envoyez-nous un email avec quelques informations sur vous et vos recherches à: info@editions-ue.com.

Notre service d'édition vous contactera dans les plus brefs délais.

Éditions universitaires européennes
Dudweiler Landstraße 99
66123 Sarrebruck
Allemagne
www.editions-ue.com

www.ingramcontent.com/pod-product-compliance
Lightning Source LLC
LaVergne TN
LVHW042339060326
832902LV00006B/263